AF297039

TRAITÉ PRATIQUE

DES

CASIERS JUDICIAIRES

Commentaire de la loi du 5 août

et des instructions de la Chancellerie du 29 juillet 1899

PAR

GUSTAVE LE POITTEVIN

DOCTEUR EN DROIT

JUGE D'INSTRUCTION AU TRIBUNAL DE LA SEINE

PARIS

LIBRAIRIE NOUVELLE DE DROIT ET DE JURISPRUDENCE

ARTHUR ROUSSEAU, ÉDITEUR

14, RUE SOUFFLOT ET RUE TOULLIER, 13

1899

TRAITÉ PRATIQUE

DES

CASIERS JUDICIAIRES

TRAITÉ PRATIQUE

DES

CASIERS JUDICIAIRES

Commentaire de la loi du 5 août
et des instructions de la Chancellerie du 29 juillet 1899

PAR

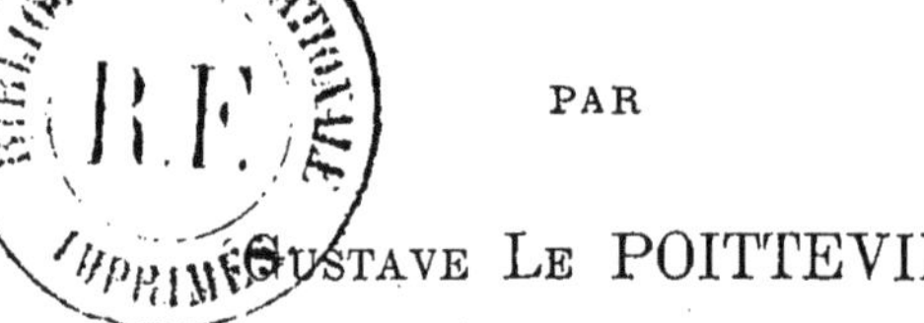

Gustave Le POITTEVIN

DOCTEUR EN DROIT

JUGE D'INSTRUCTION AU TRIBUNAL DE LA SEINE

PARIS

LIBRAIRIE NOUVELLE DE DROIT ET DE JURISPRUDENCE

ARTHUR ROUSSEAU, ÉDITEUR

14, RUE SOUFFLOT ET RUE TOULLIER, 13

1899

TRAITÉ PRATIQUE

DES

CASIERS JUDICIAIRES

INTRODUCTION

Le *Journal officiel* du 7 août 1899 vient de publier la loi récemment votée par le Parlement sur le casier judiciaire et la réhabilitation de droit. L'article 13 de cette loi porte qu'un règlement d'administration publique déterminera les mesures nécessaires à son exécution, mais il n'a pas subordonné la mise en vigueur de la loi à la publication de ce règlement. Il a donc fallu la promulguer dans le délai légal, et, comme le fait remarquer très justement la Chancellerie, dans sa circulaire du 29 juillet 1899, il y a lieu, pendant cette période intermédiaire qui va s'étendre au moins jusqu'au mois de novembre prochain, de combiner toutes les règles établies par les circulaires ministérielles actuellement en vigueur, avec les prescriptions de la loi nouvelle. C'est ce travail d'adaptation que nous avons essayé de faire, dans le but de simplifier la tâche très délicate en cette matière des magistrats du parquet et des greffiers.

C. Instr. crim., art. 633, modifié par la loi du 14 août 1885, *sur la réhabilitation* ; — Décret, 10 avril 1877, *Perception du prix des extraits délivrés par le casier central* ; — L., 27 mars 1891, *sur l'atténuation et l'aggravation des peines*, art. 4 ; — L., 26 janvier 1892, *sur les frais de justice*, art. 5 ; — L., 28 avril 1893, *sur les finances*, art. 37 ; — L., 5 août 1899, *sur le casier judiciaire et la réhabilitation de droit.*

Circulaires du ministre de la justice, 6 novembre 1850 (*Rec.off.*, t. II, p.146) ; — 30 décembre 1850 (*Rec. off.*, II, 167) ; — 4 juin 1851 (Gillet, n° 3493) ; — 1er juillet 1851 (*Rec. off.*, II, 183) ; — 23 mai 1853 (*Rec. off.*, II, 225) ; — 30 août 1855 (*Rec. off.*, II, 319) ; — 26 septembre 1855 (Gillet, n° 3779) ; — 1er juillet 1856 (*Rec. off.*, II, 338) ; — 10 décembre 1857 (*Rec. off.*, II, 385) ; — 25 octobre 1859 (*Rec. off.*, II, 469) ; — 10 décembre 1859 (*Rec. off.*, II, 479) ; — 12 décembre 1860 (*Rec. off.*, II, 497) ; — 1er décembre 1861 (*Rec. off.*, II, 515) ; — 20 mai 1862 (*Rec. off.*, II, 520) ; — 1er décembre 1862 (*Rec. off.*, II, 532) ; — 3 décembre 1863 (*Rec. off.*, III, 32) ; — 8 août 1867 (Gillet, n° 4237) — 8 décembre 1868 (*Rec. off.*, III, 136) ; — 29 novembre 1869 (*Rec. off.*, III, 147) ; — 25 novembre 1871 (*Rec. off.*, III, 176) ; — 26 février 1872 (*Rec. off.*, III, 194) ; — 2 septembre 1872 (*Rec. off.*, III, 218) ; — 30 novembre 1872 (*Rec. off.*, III, 233) ; — 7 février 1873 (Gillet, n° 4391) ; — 30 décembre 1873 (*Rec. off.*, III, 268) ; — 19 février 1874 (*Rec. off.*, III, 282) ; — 28 novembre 1874 (*Rec. off.*, III, 315) ; — 15 décembre 1874 (*Rec. off.*, III, 318) ; — 18 décembre 1874 (*Rec. off.*, III, 321) ; — 28 avril 1875 (*Rec. off.*, III, 347) ; — 27 août 1875 (*Rec. off.*, III, 363) ; — 8 octobre 1875 (*Rec. off.*, III, 407) ; — 8 décembre 1875 (*Rec. off.*, III, 407) ; — 14 août 1876, § 8 (*Bull. off.*, 1876, p. 145) ; — 6 décembre 1876 (*Bull. off.*, 1876, p. 244) ; — 5 mai 1877 (*Bull. off.*, 1877, p. 53) ; — 3 décembre 1877 (*Bull. off.*, 1877, p. 140) ; — 20 février 1878 (*Bull. off.*, 1878, p. 6) ; — 20 juillet 1878 (*Bull. off.*, 1878, p. 68) ; — 30 novembre 1878 (*Bull. off.*, 1878, p. 124) ; — 21 décembre 1878 (*Bull. off.*, 1878, p. 132) ; — 4 décembre 1879 (*Bull. off.*, 1879, p. 247) ; — 15 novembre 1880 (*Bull. off.*, 1880, p. 264) ; — 20 décembre 1880 (*Bull. off.*, 1880, p. 283) ; — 7 décembre 1881 (*Bull. off.*, 1881, p. 153) ; — 28 décembre 1881 (*Bull. off.*, 1881, p. 161) ; — 2 décembre 1882 (*Bull. off.*, 1882, p. 228) ; — 31 mai 1883 (*Bull. off.*, 1883, p. 53) ; — 4 décembre 1884 (*Bull. off.*, 1884, p. 221) ; — 17 avril 1885 (*J. des P.*, 86.3.2) ; — 24 octobre 1885 (*J. des P.*, 86.3.22) ; — 5 décembre 1885 (*J. des P.*, 86. 3.61) ; — 10 avril 1886 (*J. des P.*, 86.3.76) ; — 18 mai 1886 (*J. des P.*, 86. 3.102) ; — 4 décembre 1886 (*J. des P.*, 87.3.20) ; — 1er août 1887 (*J. des P.*, 87.3.81) ; — 7 décembre 1887 (*J. des P.*, 88.3.4) ; — 7 mai 1888 (*J. des P.*, 88.3.75) ; — 4 juin 1888 (*J. des P.*, 88.3.79) ; — 15 décembre 1888 (*J. des P.*, 89.3.15) ; — 15 mars 1889 (*J. des P.*, 89.3.53) ; — 6 avril 1889 (*J. des P.*, 89.3.60) ; — 8 janvier 1890 (*J. des P.*, 90.3.69) ; — 17 juin 1890 (*J. des P.*, 90.3.203) ; — 13 mars 1891 (*J. des P.*, 91.3.88) ; — 16 avril 1891 (*J. des P.*,

91.3.100) ; — 21 juillet 1891 (*J. des P.*, 91.3.125) ; — 19 décembre 1891 (*J. des P.*, 92.3.25) ; — 31 décembre 1892 (*J. des P.*, 93.3.11) ; — 26 mai 1893 (*J. des P.*, 93.3.112) ; — 28 décembre 1893 (*J. des P.*, 94.3.83) ; — 18 août 1894 (*J. des P.*, 95.3.42) ; — 15 décembre 1895 (*J. des P.*, 96.3.38) ; — 31 décembre 1896 (*J. des P.*, 97.3.204) ; — 31 juillet 1897 (*J. des P.*, 98.3.16) ; — 4 juillet 1898 (*J. des P.*, 99.3.38) ; — 29 juillet 1899.

Circulaires du ministre de l'intérieur, 7 avril 1856 (Gillet, n° 3808) ; — 5 février 1890 (*J. des P.*, 90.3.198).

Circulaires du ministre de la guerre, 30 janvier 1851 ; — 18 avril 1851 ; — 10 juillet 1851 (Gillet, n° 3502) ; — 12 novembre 1881 (*Bull. off.*, n° 24, p. 163) ; — 4 avril 1885 (*Bull. off.*, 1885, p. 187) ; — 22 avril 1898 (*J. des P.*, 99.3.26).

Circulaires du ministre de la marine, 23 novembre 1850 ; — 13 octobre 1862 ; — 9 juillet 1867.

Circulaires du ministre des finances (Direction de la comptabilité générale), 30 juillet 1851 ; — 10 mars 1853 ; — 29 février 1888 (*J. des P.*, 88.3.52) ; — 8 décembre 1891 (*J. des P.*, 92.3.30).

SECTION PREMIÈRE

1. — Origine du casier judiciaire. — L'institution des casiers judiciaires remonte à 1850 ; elle est due à l'initiative de M. Bonneville de Marsangy. Le 6 novembre 1850, une circulaire de M. le Garde des sceaux prescrivit l'établissement de ces casiers et en régla l'organisation ; depuis cette époque, de nombreux perfectionnements ont été successivement apportés à cette institution par diverses circulaires dont nous avons donné l'énumération. — L'existence légale du casier judiciaire a été reconnue et consacrée une première fois par la loi du 14 août 1885 sur la réhabilitation qui a modifié l'article 633 du Code d'Instr. crim. — Depuis, les articles 4 de la loi du 27 mars 1891 et 6 de la loi du 26 janvier 1892 sont venus lui donner une nouvelle sanction légale. Enfin le casier judiciaire vient d'être définitivement organisé par la loi du 5 août 1899 et un règlement d'administration publique, pris en exécution de l'article 18 de la loi, est actuellement soumis au Conseil d'Etat.

2. — Éléments dont se compose le casier judiciaire. — Le fonctionnement du casier judiciaire repose essentiellement sur la rédaction de bulletins de trois catégories distinctes. — Chaque fois qu'un arrêt ou jugement correctionnel, qu'un arrêt criminel, qu'un jugement déclarant une faillite ou une liquidation judiciaire, qu'une décision disciplinaire a acquis l'autorité de la chose jugée, le greffier résume le dispositif de cette décision sur un imprimé, conforme à un modèle établi par la Chancellerie, et qui est désigné sous le nom de bulletin n° 1. — Les bulletins concernant un même individu sont tous centralisés et classés dans un même lieu. — Chaque fois qu'on désire connaître les antécédents d'un individu, on s'adresse au lieu où sont déposés les bulletins n° 1, et les énonciations de ces divers bulletins sont récapitulées sur des imprimés spéciaux qui sont désignés sous les noms de bulletins n° 2 et n° 3 ou d'extraits du casier judiciaire.

3. — Casiers d'arrondissement. — Les renseignements judiciaires qui concernent un individu, sont réunis à son lieu de naissance ; en conséquence, il est établi au greffe de chaque tribunal civil d'arrondissement, un casier destiné à contenir tous ces renseignements (L., 5 août 1899, art. 1). Il est sous l'autorité et la surveillance du procureur de la République et du procureur général.

Ce casier doit être placé dans un lieu non accessible au public, et, autant que possible, dans la pièce où sont conservés les actes de l'état civil. — Il est fourni par les soins de l'autorité administrative, comme dépense départementale (Circ. Chanc., 6 novembre 1850 ; III, 1° et 2°).

Dans chacun des compartiments de ce casier, répondant à chacune des lettres de l'alphabet, sont reçus et classés par ordre alphabétique les bulletins n° 1 ou bulletins qui constatent les condamnations prononcées contre tout individu originaire de l'arrondissement. De plus, et afin de faciliter les recherches, tous les bulletins relatifs à un même individu, sont réunis et classés par ordre chronologique dans une chemise portant le nom du condamné (Circ. Chanc., 6 novembre 1850 ; III, 3° ; — 30 décembre 1850, VII ; — 1er juillet 1856 ; E., XX).

Les dépenses d'établissement et d'entretien des casiers judiciaires sont à la charge des départements.

4. — Casier central. — Un casier central a été créé et établi à la Chancellerie dans le bureau des statistiques judiciaires ; il est dirigé par un sous-chef de bureau sous l'autorité et la surveillance du chef de bureau de la statistique. Il est destiné à recevoir les bulletins relatifs : 1° aux personnes nées à l'étranger ; — 2° aux individus originaires des colonies ; — 3° aux individus d'origine inconnue (Circ. Chanc., 30 août 1855, I ; — 10 décembre 1859, X ; — L., 5 août 1899, art. 3). Une lettre du maréchal commandant le 1er arrondissement militaire, adressée aux commissaires impériaux, le 21 septembre 1859, fait connaître que c'est au casier central que doivent être envoyés les bulletins relatifs aux soldats de la légion étrangère.

Pour les étrangers naturalisés, le classement des bulletins n° 1 qui leur sont applicables, se fait au greffe du lieu où leurs lettres de naturalisation ont été enregistrées.

5. — Vérification par le procureur de la République. — Le procureur de la République, lors de la vérification mensuelle du greffe, était tenu de dresser un procès-verbal spécial, concernant le casier judiciaire. Il devait par un examen sérieux, s'assurer, chaque mois, de sa bonne tenue ; la Chancellerie recommandait de ne pas se borner à signer un procès-verbal, présenté tout rédigé par le greffier, ce qui cependant, en fait, était la règle habituelle. Aussi la Chancellerie va supprimer purement et simplement cette formalité regardée comme inutile. Toutefois le procureur de la République devra, sans dresser de procès-verbal, exercer un contrôle incessant et effectif sur tous les bulletins.

SECTION II. — BULLETINS N° 1.

§ I. — *Cas où il en doit être établi.*

6. — Condamnations criminelles et correctionnelles. — Il doit être établi un bulletin n° 1 pour constater « les condamnations contradictoires ou par contumace et les condamnations par défaut non frappées d'opposition, prononcées pour crime ou délit, par toute juridiction répressive » (L., 5 août 1899, art. 1-1°). Par suite, il y a lieu de constater ainsi :

1° Tout jugement ou arrêt contradictoire ou par défaut, rendu en matière correctionnelle et devenu définitif par l'expiration des délais d'opposition ou d'appel, s'il s'agit d'un jugement ; de pourvoi en cassation, s'il s'agit d'un arrêt (Circ. Chanc., 6 novembre 1850, III, 3-A ; — 1er juillet 1856 ; B. XII).

La loi exige que la condamnation soit *définitive* : cette disposition semble difficile à concilier avec celle de la loi du 27 juin 1866 qui permet aux condamnés par défaut de former opposition jusqu'à l'expiration des délais de la prescription de la peine, au cas où le jugement n'a pas été signifié *à personne*, à moins qu'il ne résulte d'actes d'exécution qu'ils ont eu connaissance de ce jugement. La Chancellerie, antérieurement à la loi de 1899, avait déjà prévu cette difficulté, et la circulaire du 8 décembre 1868 avait décidé qu'en pareil cas, le bulletin devait être rédigé le cinquième jour après la signification du jugement. Si une opposition est admise dans les cinq années qui suivent, et si un acquittement est prononcé, avis en est donné au procureur de la République de l'arrondissement d'origine qui ordonne l'extraction du bulletin ; si, au contraire, le nouveau jugement prononce une condamnation, un autre bulletin est dressé et envoyé aux lieu et place de l'ancien qui est annulé (Circ. Chanc., 29 novembre 1869, IX ; — 7 décembre 1881, VI ; — 2 décembre 1882, VII). Le projet de règlement soumis au Conseil d'État consacre la même règle en disant qu'en ce qui concerne les décisions par défaut, émanées des juridictions correctionnelles, le délai pour rédiger le bulletin « partira du jour où elles ne pourront plus être attaquées par la voie de l'appel ou du pourvoi en cassation ». En effet, le jugement par défaut, tout en pouvant encore être attaqué par la voie de l'opposition, n'est plus susceptible d'appel à l'expiration du délai de 10 jours qui court de la signification même à domicile du jugement.

2° Tout arrêt contradictoire ou par contumace rendu par une Cour d'assises (Circ. Chanc., 6 novembre 1850, III, 3 B.). Toutefois, si l'arrêt a été rendu par contumace, et si, dans la suite, il intervient un arrêt contradictoire, il y a lieu d'opérer, comme nous l'avons indiqué au paragraphe précédent, pour les jugements par défaut (Circ.Chanc., 29 novembre 1869, IX) ;

3° Tout arrêt de la Haute-Cour de justice (Lettre du G. des sc. au Proc. gén. de Paris, 13 mai 1853).

Un bulletin doit être dressé également pour constater : :

1° Tout jugement prononçant l'acquittement d'un mineur de seize ans, comme ayant agi sans discernement, même dans le cas où il est remis à ses parents (L., 5 août 1899, art. 1-2°). Ces bulletins doivent être rédigés sur papier rouge, afin qu'on les reconnaisse facilement ; les condamnations, prononcées par application de l'article 66 du Code pénal, ne sont en effet relevées que sur les bulletins n° 2 délivrés au ministère public (Circ. Chanc., 30 décembre 1850, V ; — 30 novembre 1859, XII ; — 8 décembre 1868, XVII ; — 30 novembre 1878, II ; — 2 décembre 1882, XI).

2° Les condamnations conditionnelles prononcées par application de la loi du 27 mars 1891 (L., 5 août 1899, art. 2). Toutefois il faut mentionner expressément la suspension accordée (L., 27 mars 1891, art. 4, § 1).

3° L'arrêt rendu par la première chambre civile de la Cour, lorsqu'elle est saisie d'une poursuite exercée directement par le procureur général, à raison d'un délit commis par un magistrat, un fonctionnaire, etc., conformément aux articles 479 et 485 du Code d'Instruction criminelle. C'est ce qui résulte de l'expression : *condamnation prononcée pour crime ou délit, prononcée par toute juridiction répressive*, employée par l'art. 1 de la loi.

Il ne devait pas être établi de bulletin dans le cas de condamnation à une simple amende, prononcée par un tribunal correctionnel à la requête d'administrations publiques (Eaux et forêts, douanes, contributions indirectes) (Circ. Chanc., 6 novembre 1850, note ; — 30 décembre 1850, IV ; — 30 octobre 1856 ; — 28 novembre 1874, XIII). Toutefois, il devait en être dressé pour constater toutes les condamnations, même à l'amende, prononcées en matière de chasse et de pêche, quelles que fussent les parties poursuivantes (Circ. Chanc., 8 décembre 1868, XII ; — 30 décembre 1873, XI ; — 28 novembre 1874, XIII). Aujourd'hui, en présence des termes généraux de l'art. 1-1° de la loi de 1899, ces distinctions ont cessé d'exister, et, dès que le fait est puni d'une amende correctionnelle, c'est-à-dire supérieure à 15 francs, il doit être dressé un bulletin n° 1.

7. — Condamnations prononcées par les tribunaux militaires et maritimes. — Un bulletin doit être dressé pour toute décision émanant des tribunaux militaires, conseils de guerre et tribunaux maritimes (Circ. Chanc., 6 novembre 1850, III, 3 B. ; — L., 5 août 1899, art. 1-1º).

8. — Jugements déclarant la faillite ou la liquidation judiciaire. — Il faut constater par un bulletin tout jugement déclaratif de faillite (Circ. Chanc.,6 novembre 1850, III, 3 D. ; — L.,5 août 1899, art. 1-4º). — La loi, de même que la circulaire du 6 novembre 1850, n'indique pas s'il faut attendre que la décision soit devenue définitive. Avant la loi de 1899, certains Parquets, considérant que, pour les jugements et arrêts où l'on devait attendre l'expiration des délais d'opposition et d'appel, mention en était faite,et que cette règle n'était pas étendue expressément aux jugements en matière de faillite, avaient pensé que le bulletin devait être immédiatement rédigé. Mais M. le Garde des sceaux, dans une lettre du 29 janvier 1879, adressée à M. le procureur général de Rouen, a décidé qu'il en est de ces jugements, comme de tous ceux qui émanent des juridictions répressives, et que le bulletin nº 1 ne doit être transmis au casier judiciaire que lorsque la sentence est définitive, faute d'opposition ou d'appel dans les délais déterminés par les articles 580 et 582 du Code de commerce.Ainsi donc, le bulletin ne doit être dressé qu'autant que, non seulement les affiches et insertions ordonnées par l'article 442 du Code de commerce ont été faites, mais encore que sont expirés les délais qui doivent s'écouler à partir soit de l'affiche et de l'insertion, soit de la signification, pour faire acquérir à la décision l'autorité de la chose jugée (C. Comm., art. 580 et 582).

Le greffier de la Cour d'appel doit également rédiger un bulletin nº 1, lorsqu'un arrêt de la Cour d'appel confirme un jugement déclaratif de faillite.

Enfin les greffiers doivent dresser des bulletins nº 1 pour constater les jugements qui déclarent ouvertes des liquidations judiciaires, par application de l'article 4 de la loi du 4 mars 1889 (Circ. Chanc., 6 avril 1889 ; — L., 5 août 1899, art. 1-4º).

9. — Poursuites disciplinaires. — L'art. 1-3º de la loi du 5 août 1899 porte qu'un bulletin doit constater « les décisions disciplinaires prononcées par l'autorité judiciaire ou par une autorité administrative, lorsqu'elles entraînent ou édictent des incapacités ».

Il doit donc être dressé un bulletin nº 1 pour constater : — 1º toute décision disciplinaire entraînant ou édictant des incapacités, et émanant de l'autorité judiciaire ; — 2° toute décision disciplinaire émanée d'une autorité administrative et entraînant ou édictant des incapacités.

Par décision judiciaire en matière disciplinaire, il faut entendre tout jugement définitif ayant un caractère disciplinaire, rendu en audience publique còntre un notaire ou contre un avoué, un huissier, un commissaire-priseur ou un greffier, soit par le tribunal civil, soit par la juridiction correctionnelle, par application des articles 102 et 103 du décret du 30 mars 1808, modifiés par la loi du 10 mars 1898, 23 de la loi du 21 ventôse an VII, 53 de la loi du 25 ventôse an XI, 64 du décret du 18 juin 1811, 45 du décret du 14 juin 1813, pourvu toutefois que cette décision entraîne contre l'officier ministériel ou public une déchéance ou une incapacité. — Les décisions disciplinaires qui répriment les contraventions aux dispositions qui règlent les formes des actes notariés et en général aux articles contenus dans la 2ᵉ section de la loi du 25 ventôse an XI, ne rentrent pas dans la catégorie des mesures disciplinaires que la loi prescrit de constater au casier ; les faits matériels qui les motivent, n'ont aucune gravité, et d'ailleurs ces décisions ne peuvent entraîner aucune espèce d'incapacité contre les notaires qui en sont l'objet ; aussi la Chancellerie avait déjà décidé, par la circulaire du 11 juillet 1855, qu'il était inutile de dresser en pareil cas un bulletin n° 1.

10. — Décisions disciplinaires émanant de l'autorité administrative. — Quelles sont les décisions administratives disciplinaires qu'il faut constater par des bulletins n° 2 ? La loi ne le dit pas, et, sans doute, le règlement d'administration publique ne pourra combler cette lacune. En cas de contestation de la part des intéressés, les tribunaux statueront. — Il est bien certain toutefois que, par application du principe posé dans l'art. 1-3° de la loi, il convient d'inscrire au casier judiciaire les décisions qui portent privation temporaire ou définitive du droit de porter la croix de la Légion d'honneur, la médaille militaire ou des médailles commémoratives, telles que celles de Crimée, d'Italie, du Mexique, du Tonkin, etc... (Circ. Chanc., 30 novembre 1872, X ; — 10 avril 1886 ; — 15 décembre 1888).

Il faut également constater à l'aide d'un bulletin n° 1 toute décision disciplinaire, ayant un caractère judiciaire ou entraînant des incapacités, rendue contre un militaire ou un marin. Mais de simples mesures administratives ne doivent pas donner lieu à l'établissement d'un bulletin (Circ. Chanc., 8 décembre 1868, XI).

Des bulletins doivent également être dressés pour constater les mesures de discipline prises contre les membres de l'enseignement, émanant soit du Ministre ou du Préfet, soit du Conseil supérieur, soit du Conseil académique ou du Conseil départemental, pourvu qu'elles entraînent ou édictent une incapacité. Telles sont : la suspension avec ou sans retenue de traitement, — le retrait d'emploi, — la révocation, — l'interdiction du droit d'enseigner.

11. — **Arrêtés d'expulsion.** — Le département de la justice reçoit tous les mois de celui de l'intérieur un état nominatif des étrangers expulsés du territoire français par décision soit ministérielle, soit préfectorale. Des copies individuelles sont immédiatement faites et classées dans le casier central (Circ. Chanc., 10 décembre 1857 ; — 4 décembre 1879, VIII ; — L., 5 août 1899, art. 1-5°).

12. — **Arrêts de réhabilitation.** — Un bulletin devait être dressé pour chaque réhabilitation criminelle, correctionnelle ou commerciale (Circ. Chanc., 6 novembre 1850 ; III-3° ; — 5 décembre 1885). Le greffier devait rédiger le bulletin de réhabilitation immédiatement après l'arrêt, afin qu'il parvînt dans un très court délai à celui qui est appelé à délivrer l'extrait négatif, que le réhabilité peut réclamer, conformément à l'article 633 du Code d'instruction criminelle (Circ. Chanc., 28 décembre 1893, IX). — La loi du 5 août 1899 n'exige plus qu'il soit ainsi dressé de bulletin n° 1 ; il suffit, dès que la réhabilitation est prononcée, que le procureur général en avise le procureur de la République du lieu d'origine ; le magistrat la fait aussitôt mentionner par le greffier sur les bulletins n° 1 qui relatent les condamnations effacées par la réhabilitation.

§ II. — Dispositions spéciales.

13. — **Réhabilitation.** — **Amnistie.** — **Grâce.** — Lorsqu'un condamné ou un failli a obtenu sa réhabilitation, nous avons vu qu'il y a lieu de le constater sur le bulletin n° 1. Le bulletin qui constate la condamnation ou la faillite reste classé au casier ; mais nous verrons qu'on n'en doit faire mention que sur les bulletins n° 2 ; en aucun cas, cette condamnation ne peut figurer sur un bulletin n° 3 (Circ. Chanc., 5 décembre 1885 ; — L., 5 août 1899, art. 2 et 7).

Quelles mesures y a-t-il lieu de prendre, quand des condamnations sont effacées par l'amnistie ? L'amnistie entraîne avec elle cette conséquence que le fait auquel elle s'applique ne peut plus être relevé contre celui qui s'en est rendu coupable. Il importe donc qu'il n'en reste plus de traces au casier judiciaire (L., 5 août 1899, art. 2, § 2). En conséquence, les greffiers établissent des *fiches individuelles* pour tous les individus auxquels s'applique l'amnistie ; ils les soumettent au visa du procureur de la République et celui-ci les transmet ensuite au procureur général, comme les bulletins n° 1. Le Parquet général les dirige, suivant le cas, soit sur les Parquets des tribunaux d'origine, soit sur le casier central. Les bulletins de condamnation sont alors extraits des casiers et classés dans les archives des greffes (Circ. Chanc., 25 novembre 1871 ; — 20 juillet 1878 ; — L., 5 août 1899, art. 2, § 2). Ces fiches sont rédigées de la même façon et sur les mêmes formules que les bulletins ; toutefois, il faut avoir soin de porter en tête et à l'encre rouge cette mention : *Rédigé par application de la loi d'amnistie du.....*

Quand un condamné a obtenu, par voie de grâce, remise intégrale ou partielle de sa peine, le procureur de la République près le tribunal qui a prononcé la condamnation, en reçoit aussitôt avis. Il doit immédiatement le faire connaître au Parquet d'origine, afin que mention en soit faite en marge du bulletin n° 1 (Circ. Chanc., 28 avril 1875 ; — L., 5 août 1899, art. 2, § 1).

Il en est de même : — 1° des décisions accordant à un condamné sa libération conditionnelle (Circ. Chanc., 28 juin 1888), ou révoquant la mise en libération conditionnelle (L., 5 août 1899, art. 2, § 1) ; — 2° des jugements relevant de la relégation conformément à l'art. 16 de la loi du 27 mai 1885 (Art. 2, § 1) ; — 3° des décisions qui rapportent les arrêtés d'expulsion (Art. 2, § 1).

14. — Condamnations conditionnelles. — Lorsque la Cour ou le Tribunal croient devoir appliquer les dispositions de la loi du 26 mars 1891, dite Loi Bérenger, la condamnation est inscrite au casier judiciaire, mais avec la mention expresse de la suspension accordée (L., 26 mars 1891, art. 4 ; — L., 5 août 1899, art. 2, § 1). Cette condamnation doit être relevée pendant les 5 années qui suivent sur les bulletins n° 2. Mais si aucune poursuite, suivie de condamnation dans les termes de l'article 1, § 2, de la loi, n'est intervenue dans le délai de 5 ans, la condamnation conditionnelle ne doit plus figurer sur les extraits du casier judiciaire *délivrés aux parties*, dits bulletins n° 3 (L., 26 mars 1891, art. 4, § 2 ; —L., 5 août 1899, art. 7-2°). De ce texte, il résulte que ces condamnations doivent continuer à figurer sur les extraits délivrés au ministère public et aux administrations publiques. Par suite, les bulletins n° 1 doivent être conservés au casier, même après l'expiration du délai de 5 ans, quoiqu'aucune condamnation nouvelle n'ait été encourue, dans les mêmes conditions que les bulletins relatifs aux condamnations effacées par la réhabilitation (Voir aussi : *suprà*, n° 6 et *infrà*, n° 22).

15. — Étrangers. — Individus originaires des colonies et d'o-rigine inconnue. — Quand le condamné est d'origine étrangère, il faut mentionner exactement le lieu d'origine et la province à laquelle il appartient. Des conventions diplomatiques ont, en effet, établi entre la France et plusieurs pays limitrophes, un échange mensuel des bulletins n° 1, concernant les nationaux respectifs, et, si les indications ne sont pas assez précises, l'identité des condamnés ne peut être constatée et les bulletins sont retournés à la Chancellerie. — L'inscription du pays d'origine doit être faite en marge, à la place qu'occupe d'ordinaire le nom de l'arrondissement dans le casier duquel le bulletin doit être classé (Circ. Chanc., 8 décembre 1875, XIII ; — 30 novembre 1878 ; — 4 décembre 1879, IX ; — 2 décembre 1882, VIII). Pour les bulletins concernant des individus originaires d'Alsace-Lorraine, il doit être fait mention de l'option ou de la non-option des condamnés pour la nationalité française (Circ. du Proc. gén. de Limoges, 29 janvier 1880).

Quand il est constaté, soit par les déclarations des inculpés, soit par toute autre voie d'information, qu'ils ont subi des condamnations à l'étranger, ces condamnations antérieures devront être relevées avec soin sur le bulletin n° 1 qui rera rédigé à l'occasion de la condamnation prononcée en France. Pour ces condamnés, comme pour ceux qui ont été antérieurement condamnés en France, le mot *Récidiviste* doit être inscrit à droite et en tête du bulletin. — Le relevé est fait au verso du bulletin (Circ. Chanc., 1er juillet 1856, B. XIII ; — 4 décembre 1871, VII).

Si l'étranger est naturalisé, le bulletin doit être rédigé, comme s'il s'agissait d'un Français, et on le classe au greffe du lieu où les lettres de naturalisation ont été enregistrées (Circ. Chanc., 6 novembre 1850, III, 8° G.).

Pour les condamnés originaires des colonies on doit inscrire le nom de la colonie, à la place réservée au nom de l'arrondissement d'origine.

Lorsque l'origine du condamné est inconnue, le greffier doit mettre, à la place réservée pour l'indication du lieu de naissance : « *pas d'acte de naissance applicable* », et à celle où figure le lieu de classement : « *casier central* ». Il ne suffit pas de mettre devant le lieu d'origine la mention « *se disant né à...* » (Circ. Chanc., 30 décembre 1873, IX).

Voir : en ce qui concerne les individus étrangers ou originaires des colonies, les règles spéciales aux *duplicata*, n° 26 et suiv.

§ III. — *Rédaction des bulletins n° 1.*

16. — Format. — Papier. — Le format des bulletins n° 1 doit être uniforme pour toute la France. La Chancellerie a adopté la dimension de la feuille de papier timbré de 60 centimes ; elle prescrit de plus de n'employer que du papier fort et de bonne qualité (Circ. Chanc., 6 novembre 1850, III, 4° ; — 30 août 1855 ; — 28 novembre 1874 ; — 15 novembre 1880, X).

17. — Énonciations qu'ils doivent contenir. — Modèle. — Chaque bulletin n° 1 doit contenir :

1° — Indication, en gros caractères et en tête du bulletin, du nom de famille du condamné (Circ. Chanc., 6 novembre 1850, III, 5°). La première lettre du nom doit être très distinctement formée (Circ. Chanc., 6 décembre 1876, XVI).

2° — Prénoms et surnoms. Il faut aussi que les pseudonymes sous lesquels les prévenus ont été condamnés, soient recherchés et constatés (Circ. Chanc., 23 mai 1853, XI ; — 1er juillet 1856, XXIV ; — 30 décembre 1873, VII ; — 8 décembre 1876, XVIII).

3° — Noms et prénoms du père et de la mère (Circ. Chanc., 30 août 1855, n° 3 ; — 1er juillet 1856, § XVIII).

4° — Age ; date et lieu de naissance (Circ. Chanc., 1er juillet 1856, I). Pour les individus originaires de Paris, il y a lieu d'indiquer le numéro de l'arrondissement dans lequel ils sont nés (Circ. Chanc., 19 décembre 1891, V ; — 28 décembre 1893, XI).

5° — Domicile (Circ. Chanc., 1er juillet 1856, I).

6° — Profession (id.). Si le condamné n'a pas de profession, porter la mention *aucune* ; s'il est vagabond, faire précéder l'indication de la profession, de la mention *se disant*.

7° — Etat civil et de famille (célibataire, marié ou veuf ; nombre d'enfants) (Circ. Chanc., 1er juillet 1856, I).

8° — Signes particuliers auxquels l'examen de sa personne peut donner lieu (Circ. Chanc., 28 novembre 1874, X). Il en résulte que le bulletin n° 1 doit faire mention de tous les renseignements fournis par le service anthropométrique, dans les villes où il fonctionne.

9° — Désignation de la juridiction qui prononce (Circ. Chanc., 6 novembre 1850, III, 5°). — Les bulletins constatant des condamnations prononcées par la chambre des appels correctionnels doivent indiquer de plus le nom du tribunal qui a statué en premier ressort et la date de ce jugement (Circ. Chanc., 8 décembre 1868, XIV).

10° — Indiquer que le jugement est devenu définitif (Circ. Chanc., 1er juillet 1856, B. XII).

11° — Dire si le jugement est contradictoire ou par défaut. Le mot *contradictoire* ne doit pas être imprimé d'avance sur les formules (Circ. Chanc., 15 novembre 1880, X). — Quand le jugement est rendu par

défaut, on doit indiquer s'il a été signifié et à quelle date (Circ. Chanc.,
30 décembre 1873, X ; — 8 décembre 1875, XV), et mentionner le
mode de signification : *à domicile à personne ou au Parquet.* « En effet,
« M. le Garde des sceaux, en imposant les formalités prescrites ci-des-
« sus, a visé l'article 187 du Code d'instruction criminelle. Pour se
« conformer à l'esprit de ces instructions, il est évident qu'à côté de la
« signification de chacun des jugements par défaut, le greffier devra
« faire mention du mode de signification » (Circ. du Proc. gén. de
Rouen, 9 janvier 1874).

12° — Date de la condamnation, nature et durée de la peine prononcée (Circ. Chanc., 6 novembre 1850, III, 5°). Les bulletins n° 1 doivent toujours constater si l'interdiction de séjour qui a remplacé la
surveillance de la haute police, a été appliquée aux condamnés (Circ.
Chanc., 21 février et 26 mars 1874 ; — 6 décembre 1876, XV).

13° — Crime ou délit qui motive la condamnation (Circ. Chanc.,
6 novembre 1850, III, 5°).

14° — Date précise (quantième, mois et année) des infractions qui
ont motivé la condamnation (Circ. Chanc., 8 janvier 1890).

15° — Les articles et paragraphes du Code ou des lois spéciales, visés par le jugement ou l'arrêt (Circ. Chanc., 6 novembre 1850, III, 5°).

16° — La mention du refus de l'imputation de la détention préventive, lorsqu'il a été prononcé, ou, lorsqu'il y a lieu à une imputation
totale ou partielle, la date de la transcription du mandat de dépôt ou
d'arrêt ou de l'ordonnance de prise de corps (Circ. Chanc., 18 août
1894).

17° — La date de l'expiration de la peine (L., 5 août 1899, art. 2, § 1).

18° — La date du payement de l'amende (L., 5 août 1899, art. 2, § 1).

19° — La date de la délivrance et la signature du greffier (Circ.
Chanc., 30 août 1855, n° 2 ; — 1ᵉʳ juillet 1856, XXVI).

20° — Le bulletin doit être revêtu du timbre de la juridiction qui a
prononcé. Il est interdit aux greffiers de faire imprimer à l'avance l'em-
preinte du timbre du tribunal sur les bulletins (Circ. Chanc., 1ᵉʳ décembre 1862 ; — 8 décembre 1868, XIX ; — 15 novembre 1880, X).

21° — En haut et à gauche, mention de la juridiction qui a condamné et du tribunal au greffe duquel le bulletin doit être classé (Circ.
Chanc., 23 mai 1853, XVII).

22° — Dans l'angle de gauche et d'une façon apparente, l'année de
la naissance du condamné (Circ. Chanc., 8 décembre 1868, XX ; — 8 décembre 1875, IX ; — 6 décembre 1876, XVII). Cette indication a pour
but de faciliter le travail des greffiers qui doivent, tous les dix ans,
extraire des casiers les bulletins concernant des condamnés de plus de
quatre-vingts ans.

23 — Si le condamné est récidiviste, il faut l'indiquer d'une manière apparente dans l'angle de droite (Circ. Chanc., 1ᵉʳ juillet 1856, B. § XIII ; — 1ᵉʳ décembre 1862). Cette mesure permet au greffier de reconnaître qu'il doit exister au moins un autre bulletin dans le casier et lui facilite ainsi le classement. La Chancellerie interdit de faire imprimer sur les formules le mot « *Récidiviste* ». En effet, lorsque le greffier oublie de l'effacer, l'employé chargé du classement dans le casier, ne trouvant pas d'autres bulletins applicables au condamné, est obligé de demander des explications au Parquet du tribunal de la condamnation (Circ. Chanc., 29 novembre 1869, VII ; — 15 novembre 1880, X).

Il ne faut pas d'ailleurs prendre récidiviste dans le sens des articles 56, 57, 58 du Code pénal. Par récidiviste, il faut entendre ici tout individu qui a déjà encouru une condamnation pour quelque cause que ce soit, pourvu qu'elle soit de la nature de celles que l'on constate par un bulletin. Cette mention doit même être inscrite sur les bulletins nº 1, applicables à des mineurs de seize ans qui ont été antérieurement remis à leurs parents (Circ. Chanc., 8 décembre 1868, XVII ; — 30 novembre 1878, II). Il y a lieu de l'inscrire également, même lorsque les condamnations antérieures ont été prononcées à l'étranger (Circ. Chanc., 1ᵉʳ juillet 1856, XIII ; — 4 décembre 1879, VII). — Elle ne doit cependant être inscrite qu'en connaissance de cause, et si la récidive ne résulte que de la déclaration du prévenu, il convient de le mentionner sur le bulletin (Circ. Chanc., 30 décembre 1873, VIII).

24º — Quand il est constaté, soit par les déclarations des condamnés, soit par toute autre voie d'information, qu'ils ont subi des condamnations à l'étranger, on doit les relever avec soin sur le verso du bulletin nº 1 qui sera rédigé à l'occasion de la condamnation prononcée en France (Circ. Chanc., 1ᵉʳ juillet 1856, B. XIII ; — 4 décembre 1879, VII).

25º — Enfin il faut ajouter au fur et à mesure que le greffier en est avisé : *a*) la grâce ou la commutation ou réduction de peine ; — *b*) l'arrêté de mise en libération conditionnelle ou de révocation de la libération conditionnelle ; — *c*) l'arrêt de réhabilitation ; — *d*) le jugement relevant de la relégation ; — *e*) la décision qui rapporte l'arrêté d'expulsion.

Des modèles de bulletins nº 1 avaient été annexés à la circulaire du 6 novembre 1850 ; de nouvelles formules ont été établies par celle du 1ᵉʳ juillet 1856. — Le modèle actuellement en vigueur est celui qui a été donné par la circulaire du 8 janvier 1890, mais, en raison des nouvelles mentions exigées par la loi de 1899, il y a lieu de le modifier et de l'établir *provisoirement* conformément à la formule suivante.

18....

Place réservée à la mention : « *Récidiviste* »
(qui doit être mise à la main)

N° I
Bulletin individuel à classer alphabétiquement au greffe du tribunal civil de........

(*Nom et prénoms*)

fils de { . . . . } âgé de   ans

né à   , le

arrondissement de

département de

domicile

profession

nationalité

(1).....

RENSEIGNEMENTS :

Célibataire :

Marié :

Veuf :

Nombre d'enfants :

Signes particuliers :

A ÉTÉ CONDAMNÉ :

par (2)   (contradictoire ou de défaut [*mention manuscrite*])

du

Mandat de dépôt du

Peine expirée le

Amende payée le

Contrainte par corps exécutée le

(*Autres mentions postérieures à la rédaction du bulletin n° 1*).

en { d'emprisonnement
francs d'amende

(place où doit être inscrite la mention du sursis s'il y a lieu)
(3) } et aux dépens

Pour

Timbre de la juridiction qui a statué,

commis le

par application des articles { . . . . }

Code pénal
Code instr. crim.

Vu au Parquet,
(4)

Pour extrait conforme :
A. . . . ., le. . . 189.
Le Greffier,

Vu au Parquet général,
(5)

(1) Mentionner la juridiction qui a statué.
(2) Inscrire le mot *jugement* ou *arrêt* suivant le cas.
(3) S'il s'agit d'un arrêt rendu par une Cour d'appel ajouter la mention : « Sur appel d'un jugement du tribunal de. . . . . en date du. . . . . . . ».
(4) Inscrire ici suivant la juridiction qui a statué la qualité de l'officier du ministère public.
(5) Cette mention ne doit figurer que sur le bulletin constatant une condamnation prononcée par un tribunal correctionnel.

18. — Par qui les bulletins n° 1 sont rédigés. — Les bulletins n° 1 sont dressés par le greffier de la juridiction qui a rendu la décision dont il s'agit de constater l'existence et qui est dépositaire de la minute de l'arrêt ou du jugement (Circ. Chanc., 6 novembre 1850, n° 4). — Les bulletins n° 1, constatant les déclarations de faillite ou de liquidation judiciaire, sont dressés par les greffiers des tribunaux de commerce ou des tribunaux civils, jugeant commercialement. — S'il y a appel, le bulletin est rédigé par le greffier de la Cour.

En ce qui concerne les décisions disciplinaires émanées d'une autorité administrative et entraînant ou édictant des incapacités, telles que les décisions, privant du droit de porter les insignes de la Légion d'honneur ou de toute autre décoration, le bulletin doit être établi par le greffier du tribunal du lieu d'origine ; à cet effet, l'autorité administrative de qui émane la décision doit, dans le plus bref délai, la porter à la connaissance du parquet du lieu d'origine qui fait dresser aussitôt le bulletin n° 1.

Les arrêtés d'expulsion sont notifiés par le ministère de l'Intérieur, au ministère de la Justice, au casier central, où il en est dressé un bulletin n° 1 (Circ. Chanc., 10 décembre 1857 ; — 4 décembre 1879, § 8). Dans le cas où l'expulsé est né en France, le casier central transmet un duplicata du bulletin n° 1 au casier judiciaire du lieu d'origine.

Le bulletin n° 1 doit être rédigé dans la quinzaine, à partir du jour où la décision est devenue définitive. — En ce qui touche les décisions par défaut émanées des juridictions correctionnelles, le délai de quinzaine partira du jour où elles ne pourront plus être attaquées par la voie de l'appel ou du pourvoi en cassation. — En ce qui concerne les arrêts par contumace, le délai commence à courir du jour de l'arrêt.

19. — Éléments des bulletins. — Les éléments des bulletins n° 1, relatifs à l'état civil et de famille du condamné, sont recueillis par le ministère public, au cours de la procédure, avec le concours des magistrats instructeurs et des divers auxiliaires de la police judiciaire.

Les indications relatives à la décision même qui fait l'objet du bulletin n° 1 (juridiction qui a statué, — date de la condamnation, — nature et taux ou durée de la peine ; — date du mandat de dépôt) sont fournies au greffier par la minute même de la décision, et, au cas de peine disciplinaire prononcée par une autorité administrative, par la lettre d'avis ou l'expédition de la décision envoyées au parquet.

Les mentions prescrites par l'article 2 de la loi doivent être portées sur l'avis donné au parquet du lieu d'origine, dans le plus bref délai, par les autorités compétentes ; savoir :

1° Pour les grâces, commutations ou réductions de peine, par le parquet de la juridiction qui a prononcé la condamnation ;

2° Pour les arrêtés de mise en libération conditionnelle et de révocation, par le département de l'Intérieur ;

3° Pour les dates de l'expiration des peines corporelles et l'exécution de la contrainte par corps, par les gardiens-chefs ou directeurs des prisons et établissements pénitentiaires ;

4° Pour les arrêts portant réhabilitation et les jugements relevant de la relégation, par le greffier de la juridiction qui a statué ;

5° Pour le paiement intégral des amendes, soit par l'agent de l'administration des finances qui les a perçues, soit par le receveur des finances qui enverra chaque mois au parquet un état des amendes recouvrées pendant le mois écoulé ;

6° Pour les déclarations d'excusabilité en matière de faillite et pour les homologations de concordat, par le greffier de la juridiction qui aura prononcé.

En ce qui concerne les personnes, nées en pays étranger ou dans les colonies et celles dont l'acte de naissance n'est pas retrouvé, les mêmes mentions sont inscrites au bulletin n° 1 par les soins du sous-chef du casier central, sur l'avis à lui donné par les mêmes autorités. Il en est de même pour les décisions rapportant les arrêtés d'expulsion qui lui sont notifiées par le ministre de l'Intérieur.

§ IV. — *Vérification et envoi.*

20. — Bulletins rédigés par les greffiers des Cours et des tribunaux civils et de commerce. — Les bulletins, constatant des condamnations criminelles ou correctionnelles, sont rédigés par quinzaine (1er et 16 de chaque mois) et remis immédiatement au procureur de la République (Circ. Chanc., 1er juillet 1856, XIV). Ce magistrat les examine au point de vue tant du fond que de la forme, les revêt de son visa et les adresse, le jour même, au procureur général (Circ. Chanc., 6 novembre 1850, III, 7 ; — 1er juillet 1856, A. 1 et XIV ; — 3 décembre 1863 ; — 30 décembre 1873, V).

Dans certains ressorts, les bulletins n° 1 sont transmis, sans lettre d'envoi et sans bordereau ; dans d'autres ressorts, le procureur de la République joint un bordereau à chaque envoi.

Au Parquet général, les bulletins n° 1 sont l'objet d'un nouvel examen ; après qu'ils ont été vérifiés, le procureur général les fait rectifier ou compléter, s'il y a lieu, puis il les vise et les adresse soit aux greffes des divers tribunaux, soit au casier central, suivant le cas. Cet envoi doit être fait dans la quinzaine au plus tard (Circ. Chanc., 1er juillet 1856, XVI). Les bulletins, transmis au casier central, doivent toujours être classés dans l'ordre alphabétique et en deux séries : l'une pour les condamnés étrangers ou originaires des colonies, l'autre pour les condamnés d'origine inconnue (Circ. Chanc., 1er juillet 1856, XVII ; — 30 décembre 1873, V).

A la fin de chaque mois, le greffier du tribunal de commerce doit adresser au procureur général, par l'intermédiaire du président de ce tribunal, les bulletins constatant tous les jugements déclarant des faillites ou des liquidations judiciaires, devenus définitifs dans le mois (Circ. Chanc., 6 novembre 1850).

21. — **Bulletins rédigés par les greffiers des conseils de guerre et des tribunaux maritimes.** — Les greffiers des conseils de guerre sont tenus de se conformer exactement aux instructions de la Chancellerie sur la rédaction et l'envoi des bulletins n° 1. Ils doivent donc établir les bulletins pour constater toutes les condamnations prononcées par le conseil de guerre. Ces bulletins sont rédigés par quinzaine, sur des formules identiques à celles employées pour les condamnations ordinaires ; ils sont revêtus du timbre du conseil, de la signature du greffier et de celle du commissaire du gouvernement (Circ. du min. de la guerre, 30 janvier 1851).

Cette circulaire exige que toutes les prescriptions de la circulaire de la Chancellerie du 6 novembre 1850 soient exactement observées. Les greffiers devraient donc remettre, chaque quinzaine, leurs bulletins aux commissaires du gouvernement qui, après les avoir visés, les transmettraient au procureur général du ressort dans lequel siège le conseil. Ce magistrat les ferait parvenir ensuite aux greffes auxquels ils sont destinés. Mais les greffiers ont pris l'habitude d'envoyer les bulletins au procureur de la République de l'arrondissement où siège le conseil, et c'est ce magistrat qui en fait la répartition dans les divers casiers. La Chancellerie et le ministre de la guerre ont définitivement consacré cet usage (Lettre du G. des Sc. au Proc. gén. de Paris, 14 mai 1853).

Les greffiers des conseils de guerre maritimes, des tribunaux maritimes et des tribunaux maritimes commerciaux doivent également établir des bulletins n° 1 pour toutes les condamnations prononcées par ces juridictions ; ils sont tenus de se conformer à toutes les prescriptions de la Chancellerie pour la rédaction de ces bulletins. Chaque conseil de guerre ou tribunal maritime les adresse périodiquement au procureur de la République de l'arrondissement où il siège, et celui-ci en opère la répartition. Toutefois, si le condamné est étranger ou si son origine est inconnue, le bulletin doit être envoyé directement au ministre de la marine qui se charge de le faire parvenir au Garde des sceaux, pour dépôt au casier central (Circ. du Min. de la marine et des colonies, 23 novembre 1850; — 13 octobre 1862).

Les bulletins, constatant des condamnations prononcées par les conseils de guerre et les prévôtés des corps expéditionnaires et des corps d'occupation, sont dressés au ministère de la guerre ou au ministère de la marine, suivant le cas, et envoyés au Procureur général de Paris, qui en opère la répartition entre les différents casiers.

§ V. — Classement des bulletins n° 1.

22. — **Classement au greffe.** — Le procureur de la République remet au greffier les bulletins, aussitôt qu'ils lui sont parvenus. Celui-ci doit aussitôt vérifier sur les registres de l'état civil, si l'individu désigné sur chaque bulletin est bien né au lieu et à l'époque indiqués, et il fait sur les bulletins mention de cette vérification (Circ. Chanc., 6 novembre 1850, III, 8° ; — 23 mai 1853, X ; — 1er juillet 1856, A, X et E,XVII).

Plusieurs cas peuvent se présenter :

1° L'individu figure sur les registres de l'état civil.

Le greffier classe le bulletin au casier, en se conformant aux règles que nous avons rappelées. Puis, afin de faciliter les recherches, il constate sur le registre par un signe la présence d'un bulletin au casier (Circ. Chanc., 6 novembre 1850, III, 8°). Lorsqu'il reçoit un bulletin constatant une peine suspendue, il s'assure que le casier ne contient pas de bulletin relatif à une condamnation précédente à l'emprisonnement pour crime ou délit de droit commun. S'il en existe, il doit en prévenir le procureur de la République près son tribunal, qui en informe son collègue du lieu de la condamnation à laquelle s'applique la décision du sursis, pour qu'elle puisse faire l'objet des recours autorisés par la loi. Il en est de même, lorsque le greffier, en classant dans le casier un bulletin n° 1 de condamnation à l'emprisonnement ou à une peine plus grave pour crime ou délit de droit commun, s'aperçoit que le condamné avait, dans les cinq années, bénéficié d'un sursis accordé à l'occasion d'une condamnation à l'emprisonnement ou à l'amende (Circ. Chanc., 19 décembre 1891, VII et VIII).

2° La naissance n'est pas constatée sur les registres, mais, en fait, elle est constante.

Le greffier doit classer le bulletin au casier, en prenant soin d'indiquer cette omission par une mention sommaire (Circ. Chanc., 6 novembre 1850, III, 8, B.).

3° *Il n'existe pas d'acte de naissance applicable, et rien ne fait supposer d'omission dans les registres.*

Il porte sur le bulletin la mention : « *pas d'acte de naissance applicable* », et le remet au procureur de la République, qui le renvoie au procureur général qui l'a transmis. Le procureur général le retourne au procureur de la République du lieu de la condamnation, et ce magistrat se livre à des investigations nouvelles pour arriver à découvrir le lieu de naissance de l'individu qui a évidemment donné de fausses indications. Si ces recherches restent sans résultat, le bulletin est envoyé au casier central (Circ. Chanc., 6 novembre 1850, III, 8-c ; — 8 décembre 1868, XV ; — 30 décembre 1873, IX).

Ajoutons que les bulletins des femmes mariées ou veuves doivent être classés d'après leur nom de filles, mais avec des fiches de renvoi au nom du mari, pour le cas où, à l'occasion de nouvelles poursuites, elles ne donneraient que ce dernier nom (Circ. Chanc., 1er juillet 1856, E. XXI).

23. — Élimination des bulletins pour empêcher l'encombrement des casiers. — Pour éviter l'encombrement des casiers, les greffiers doivent extraire à des époques périodiques, les bulletins des individus décédés. De plus, la Chancellerie a ordonné par la circulaire du 8 décembre 1868, qu'en 1869, tous les bulletins concernant des individus âgés de plus de quatre-vingts ans seraient extraits des casiers.

Aux termes de cette même circulaire, ce travail d'extraction doit être renouvelé tous les dix ans : c'est pour le faciliter que la Chancellerie prescrit de mettre, en tête des bulletins, la date de la naissance. — En exécution de cette disposition, les circulaires du 15 novembre 1880, XXII, et du 19 décembre 1891, XI, ont rappelé qu'il fallait procéder à cette extraction en 1881 et en 1892.

24. — Cas où les condamnés par défaut n'ont pu être retrouvés. — Fiches. — Il arrive fréquemment que des individus, poursuivis pour des crimes ou des délits, parviennent à se soustraire aux recherches de la justice. Des signalements sont imprimés, si le fait qui motive la poursuite a une certaine gravité, et on les adresse à tous les Parquets ou tout au moins à ceux de la région où les inculpés paraissent s'être réfugiés (Voir : V° *Signalements*).

Quand un certain délai s'est écoulé et que l'on a acquis la certitude

que les recherches sont restées infructueuses, le juge d'instruction rend
son ordonnance, le prévenu est renvoyé, suivant le cas, soit devant le
tribunal de police correctionnelle, soit devant la chambre des mises en
accusation. — Lorsque le jugement par défaut ou l'arrêt de contumace
est intervenu, un bulletin n° 1 doit être établi ; mais il est bon d'envoyer de plus au greffe de l'arrondissement d'origine, ou au casier
central, si l'origine est inconnue, une fiche spéciale, qui peut être établie conformément à la formule ci-contre.

Fiche
à insérer au casier judiciaire du greffe du tribunal de N...

Le nommé (*nom et prénoms*) fils de.....et de....né le...
189 , à ..... est recherché par le Parquet de A...
Prière d'aviser ledit Parquet de tout envoi de bulletin n° 1
ou de toute demande de bulletin n° 2, le concernant.

A N....., le ..... 189 .
LE PROCUREUR DE LA RÉPUBLIQUE.

Si un bulletin n° 1 est envoyé ou si un bulletin n° 2 est demande,
l'attention du greffier est immédiatement attirée par cette fiche ; il le
fait savoir aussitôt au Parquet qui l'a adressée. Ce renseignement peut
permettre de ramener à exécution la condamnation prononcée, si l'individu est arrêté, ou tout au moins donne de nouveaux indices qui
mettront sur les traces du condamné, s'il n'a pas été retrouvé.

§ VI. — Duplicata de bulletins n° 1.

25. — Règles générales. — Il doit être établi un duplicata pour
tout bulletin n° 1, constatant : — 1° une condamnation prononcée,
contre un individu originaire soit des colonies françaises, soit d'un pays
étranger avec lequel l'échange des bulletins a lieu ; — 2° un jugement
entraînant la privation du droit de vote ; — 3° un jugement pouvant
apporter certaines modifications à la situation du prévenu au point de
vue du service militaire ; — 4° une condamnation prononcée contre un
marin ou un militaire de la marine.

Tous ces duplicata sont établis sur des formules imprimées, semblables à celles des originaux des bulletins n° 1. — Ils sont visés par le
procureur de la République et transmis directement par lui à l'autorité à laquelle ils sont destinés, sans être préalablement soumis à l'examen et au visa du Procureur général (Circ. Chanc., 18 décembre 1874 ;
— 14 août 1876 ; — 5 mai 1877 ; — 3 décembre 1877).

26. — Bulletins concernant les étrangers. — L'échange des bulletins n° 1 existe avec l'Autriche, l'Allemagne (pour l'Alsace-Lorraine), la Bavière, la Belgique, le Grand-Duché de Bade, le Grand-Duché de Luxembourg, l'Italie, le Portugal et la Suisse (Circ. Chanc., 20 décembre 1880 ; — 28 décembre 1893, VII).

Jusqu'en 1877, les copies destinées à ces gouvernements étaient faites par les soins de la Chancellerie ; mais, depuis cette époque, les greffiers sont chargés de les établir. Les procureurs de la République les transmettent directement, chaque quinzaine, à la Chancellerie, en ayant soin de les classer par pays et d'énoncer sur la lettre d'envoi le nombre et la destination (Circ. Chanc., 5 mai 1877, IV et VI ; — 3 décembre 1877, IX). Les bulletins constatant les déclarations de faillites doivent être compris dans ces envois (Circ. Chanc., 3 décembre 1877, X).

Rappelons ici que les bulletins destinés à la Suisse doivent mentionner autant que possible, non seulement le lieu de naissance du condamné, mais encore la commune dont il est citoyen ou ressortissant (*lieu de bourgeoisie*) (Circ. Chanc., 20 décembre 1880 ; — 7 décembre 1881, III).

27. — Bulletins concernant des individus originaires des colonies. — Il doit être établi un duplicata pour tout bulletin n° 1, constatant une condamnation prononcée contre un individu originaire des colonies françaises, à l'exception de l'Algérie (Circ. Chanc., 23 mai 1853, IX ; — 29 novembre 1869, VIII). Ces duplicata sont envoyés au Garde des sceaux, en même temps que ceux relatifs aux étrangers.

28. — Casier électoral. — Il importe pour la formation des listes électorales de connaître les personnes frappées d'incapacité par suite de condamnations, aussi les greffiers doivent établir des *duplicata* de tous les bulletins n° 1, constatant des jugements entraînant la privation du droit de vote (L., 5 août 1899, art. 5, § 2). — Le procureur de la République les vise, puis les transmet à la sous-préfecture de l'arrondissement du *domicile* des condamnés (L., 5 août 1899, art. 5, § 2). La Chancellerie recommande de délivrer à l'administration des *duplicata* : — 1° des bulletins constatant des condamnations en matière de rupture de ban, délit aujourd'hui remplacé par l'infraction à interdiction de séjour. Ces condamnations supposent en effet une incapacité électorale préexistante qui a pu rester ignorée de l'administration (Note de la Chancellerie ; Bull. off., n° 18, p. 129) ; — 2° des bulletins constatant des déclarations de faillite ou des mises en liquidation judiciaire (Circ. Chanc., 27 août 1875; — 6 avril 1889); — 3° des bulletins constatant des réhabilitations (Circ. Chanc., 27 août 1875).

Il n'est pas toutefois nécessaire d'établir de duplicata électoral pour les bulletins concernant les individus originaires de l'étranger ou des colonies, sauf les étrangers naturalisés, et ceux dont le lieu de naissance est inconnu (Circ. Chanc., 6 décembre 1876, XX ; — L., 5 août 1899, art. 5, § 2).

29. — **Recrutement.** — Pour permettre à l'autorité militaire de connaître exactement la situation pénale des hommes qui sont soumis aux obligations du service militaire, la Chancellerie a prescrit d'envoyer aux commandants des bureaux de recrutement des *duplicata* « en cas de condamnation, faillite, liquidation judiciaire, ou destitution d'un officier ministériel » (L., 5 août 1899, art. 5, § 1).

Il devait être dressé un *duplicata* pour toute condamnation à une peine corporelle prononcée contre un homme âgé de vingt à quarante ans (Circ. Chanc., 19 février 1874). Mais la loi du 15 juillet 1889 a prorogé de cinq années la durée du service militaire et reporté, en principe, du 1er juillet au 1er novembre, les dates de passage dans les différentes catégories de réserve et de libération définitive ; il est donc nécessaire que désormais les condamnations soient notifiées au recrutement jusqu'à l'âge de 46 ans accomplis (Circ. Chanc., 16 avril 1891).

Le contingent algérien exige une observation spéciale. D'après l'article 81 de la loi du 15 juillet 1889, les hommes valides du contingent algérien et des colonies, autres que la Guadeloupe, la Martinique, la Guyane et la Réunion, qui ont terminé leurs vingt-cinq années de service, sont, au cas de mobilisation générale, réincorporés avec la réserve territoriale, sans cependant pouvoir être appelés à servir hors du territoire de l'Algérie et des colonies. En vue de l'application éventuelle de cette disposition, les parquets devront notifier aux commandants de recrutement les condamnations encourues, jusqu'à l'âge de cinquante ans accomplis, par les hommes du contingent algérien, c'est-à-dire qui ont été inscrits par le conseil de revision sur la liste du recrutement dans l'Algérie. Il est inutile, quant à présent, de s'occuper des contingents coloniaux, la nouvelle loi sur le recrutement n'étant pas entrée en application dans les colonies autres que l'Algérie (Circ. Chanc., 16 avril 1891).

Aux termes des circulaires du 1er octobre 1879 et du 31 mai 1883, ces *duplicata* devaient mentionner : 1° pour les hommes de la disponibilité et de la réserve, la classe, le canton et le numéro de tirage ; 2° pour ceux de l'armée territoriale, la classe à laquelle ils appartiennent et la subdivision dans laquelle ils sont inscrits sur les contrôles de cette armée. Mais, depuis 1891, tous les bulletins indistinctement, qu'ils soient applicables à l'armée territoriale ou à l'armée active, doivent mentionner simplement la classe, le canton et le numéro du tirage au sort (Circ. Chanc., 16 avril 1891).

Il importe, aussi bien en vue de l'accomplissement des périodes d'exercice en temps de paix que d'une mobilisation, que le service du recrutement soit exactement renseigné sur la situation des hommes. Le parquet doit donc faire connaître, au bureau du lieu de la condamnation, les réductions ou commutations relatives aux peines corporelles encourues par des hommes liés au service militaire. Comme les duplicata de bulletins n° 1, ces avis de décisions gracieuses contiennent l'indication de la classe, du canton et du numéro du tirage au sort (Circ. Chanc., 16 avril 1891).

Ces duplicata sont transmis par le procureur de la République au bureau de la subdivision de la région où siège le tribunal qui a prononcé la condamnation. Les parquets n'ont ainsi à correspondre qu'avec un seul et même commandant de recrutement. Cet officier conserve les bulletins des hommes inscrits sur ses contrôles et transmet à ses collègues les bulletins des hommes dépendant de leurs subdivisions respectives. Quant aux bulletins se rapportant aux individus dont le lieu de naissance est inconnu ou qui sont nés hors de France et dont le domicile est également inconnu, ils sont adressés, comme par le passé, au casier central et transmis chaque mois, par les soins de la Chancellerie, au ministère de la guerre (Circ. Chanc., 16 avril 1891). Pour éviter toute confusion avec les bulletins destinés à être classés au casier central, ces duplicata doivent porter en marge le mot « *Recrutement* », et être transmis à la Chancellerie avec une lettre spéciale indiquant leur destination (Circ. Chanc., 19 décembre 1891, XII).

La Chancellerie signale, d'une façon toute spéciale, l'intérêt qu'il y a à ce que ces envois soient faits exactement. Pour faciliter le contrôle qui doit être exercé sur les greffes, les Parquets doivent veiller à ce que tout jugement ou arrêt de condamnation, concernant un homme lié au service militaire, porte en marge une mention sommaire indiquant à quelle date le duplicata du bulletin n° 1 ou l'avis de la décision gracieuse a été transmis au bureau de recrutement. Par ce moyen, la vérification des minutes permet de constater les omissions qui auraient pu être commises.

Les duplicata de bulletins de condamnation qui parviennent aux commandants de bureau de recrutement, sans contenir les renseignements nécessaires, sont par eux renvoyés aux parquets, afin d'être complétés. Enfin les commandants de recrutement établissent, chaque année, à l'époque de l'inspection générale, la liste nominative des individus qui leur ont été signalés comme ayant été condamnés depuis la dernière inspection générale, et pour lesquels ils n'ont pas reçu de bulletins n° 1 ou ont reçu tardivement les bulletins. Les listes réunies sont transmises à la Chancellerie qui peut ainsi s'assurer du soin que les parquets mettent à se conformer aux instructions qui précèdent (Circ. Chanc., 16 avril 1891).

30. — **Ministère de la marine.** — Il doit être établi un duplicata du bulletin n° 1 pour le ministère de la marine, chaque fois qu'un jugement ou un arrêt a été prononcé, soit contre un marin ou un militaire de la marine en activité de service, soit même contre tout individu faisant partie de la réserve de l'armée de mer ou soumis à l'inscription maritime (L., 5 août 1899, art. 5, § 1). Ces documents doivent contenir, autant que possible, l'inscription du grade et du quartier d'inscription du marin, ainsi que son numéro matricule (Circ. Chanc., 14 août 1876, § 8 ; — 31 juillet 1897). A la place qu'occupe d'ordinaire le nom de l'arrondissement dans le casier duquel le bulletin doit être classé, il faut porter ces mots « *Ministère de la Marine* ». De plus, ces duplicata doivent porter en tête la mention : « *Rédigé par application du paragraphe VIII de la Circulaire du 14 août 1876* » (Circ. Chanc., 14 août 1876 ; — 31 décembre 1892).

Les procureurs de la République près les tribunaux de 1re instance situés dans l'étendue des départements maritimes font parvenir directement au commissaire de l'inscription maritime de la localité la plus proche les duplicata des bulletins n° 1. Ce fonctionnaire transmet à qui de droit les rares bulletins qui ne sont pas afférents aux inscrits qu'il administre (Circ. Chanc., 13 mars 1891 ; — 31 juillet 1897).

Pour tous les tribunaux hors des départements maritimes, le procureur de la République envoie ces documents directement à la Chancellerie ; celle-ci les transmet au ministère de la marine qui les adresse au port intéressé (Circ. Chanc., 14 août 1876 ; — 13 mars 1891 ; — 31 juillet 1897).

§ VII. — Prix des bulletins n° 1 et des duplicata.

31. — **Fixation du prix.** — Le prix des bulletins n° 1 et des duplicata a été fixé ainsi qu'il suit :

Bulletins n° 1 destinés à être classés dans les casiers judiciaires (Circ. Chanc., 6 novembre 1850) . . . . 0 fr. 25

Dressés en duplicata (Circ. Chanc., 6 décembre 1876,
§ XIX ; — 8 janvier 1890, III). . . . . 0 fr. 15

32. — Imputation de la dépense. — Mode de payement. —
Cette dépense, qu'il s'agisse des bulletins ou des duplicata, rentre dans
les frais de justice criminelle, et est supportée tout entière par le département de la justice (Circ. Chanc., 6 novembre 1850, § V ; — 6 décembre 1876, § XIX).

Pour obtenir le paiement de ce qui leur est dû, les greffiers en comprennent le montant dans le mémoire qu'ils remettent tous les mois au
procureur de la République. Par exception à la règle, en vertu de
laquelle les greffiers doivent porter dans leurs mémoires la date, la
cause et la nature des actes, il suffit de mentionner le nombre des
bulletins délivrés (Décis. Chanc., 21 juin 1851).

Les greffiers des conseils de guerre et des tribunaux maritimes ont
droit à la même rétribution.

Pour en recevoir le montant, les greffiers des conseils de guerre
adressent, tous les trois mois, au général commandant en chef le corps
d'armée, un mémoire constatant le nombre des bulletins délivrés. Ce
mémoire est ensuite transmis, par l'intermédiaire du ministre de la
guerre, au Garde des sceaux qui en fait ordonnancer le payement (Circ.
du Min. de la guerre, 30 janvier 1851). Les greffiers des tribunaux
maritimes remettent leurs mémoires au procureur de la République de
leur arrondissement, et ce magistrat en requiert le payement (Circ.
Chanc., 4 février 1859).

SECTION III. — Règles communes aux bulletins n° 2 et n° 3.

33. — Objet. — Format. — Papier. — Les *bulletins n° 2 et n° 3* ou
extraits du casier judiciaire sont des relevés, les uns complets, les
autres partiels, des condamnations prononcées contre un même individu et constatées par les bulletins n° 1.

Le format prescrit est celui de la feuille de papier timbré de 60 centimes. La Chancellerie exige que les greffiers emploient pour leur rédaction du papier fort et de bonne qualité (Circ. Chanc., 20 mai 1862 ;
— 7 décembre 1887).

34. — Force probante des extraits du casier judiciaire. — Avant
la loi du 5 août 1899, preuve des condamnations antérieures était suffisamment faite par un extrait du casier judiciaire, pourvu que le pré-

venu n'en contestât pas les énonciations. C'est ce qui avait été jugé à diverses reprises en matière de récidive' légale (Cass., 1er décembre 1859 ; Bull. crim., n° 429 ; — 4 février 1860 ; S. 61.1.395 ; P. 61. 219 ; D. 61.1.93 ; — 19 septembre 1872 ; Bull. crim., n° 415 ; — 6 mars 1874 ; S. 74.1.449 ; P. 74.1124 ; D. 74.1.277 ; — 10 avril 1880 ; S. 81.1.91 ; P. 81.1.184 ; D. 80.1.435). Mais la Cour suprême ne considérait cependant les extraits du casier judiciaire que comme de simples renseignements ; aussi il fallait en conclure qu'ils n'avaient aucune force probante, quant à l'existence des condamnations énoncées, en cas de contestation de la part du prévenu (Cass., 21 septembre 1882 ; S. 84.1.170 ; P. 84.1.396 ; D. 82.1.488 ; — 5 mai 1887 ; S. 88.1.348 ; P. 88.1.821).

Depuis la loi du 5 août 1899, il n'en est évidemment plus ainsi. En effet, si la Cour suprême n'admettait pas antérieurement que les énonciations du casier pussent constituer par elles-mêmes une preuve suffisante, cette réserve se fondait exclusivement sur cette considération que l'institution judiciaire, quelle que fût son importance, avait été organisée administrativement et n'avait pas reçu de sanction législative.

35. — Recherches au greffe. — Rédaction, vérification et envoi. — Nous verrons que les demandes d'extraits du casier judiciaire sont, dans tous les cas, adressées au procureur de la République. Nous avons à examiner ici ce que doit faire ce magistrat, lorsqu'il lui parvient une demande de bulletin n° 2 ou n° 3. — Il la remet immédiatement au greffe. Le greffier consulte les registres des actes de naissance de la commune d'origine ; s'il trouve un acte de naissance applicable, il vérifie le casier. Si le casier contient des bulletins de condamnation, il en fait le relevé, conformément aux règles que nous allons tracer dans les numéros 36, 48 à 52. S'il n'existe aucun bulletin n° 1, le greffier, après avoir rempli les diverses énonciations du bulletin n° 2, inscrit au milieu du tableau « *Néant* » ; lorsqu'il s'agit d'un bulletin n° 3, il ne peut mettre la mention « *néant* », et se borne à tirer un trait.

Mais, il peut arriver que, recherches faites aux registres de l'état civil, il ne soit trouvé aucun acte de naissance s'appliquant à l'individu désigné.

Dans ce cas, il faut distinguer :

1° Le lieu de naissance peut être établi par un acte de notoriété, le greffier doit dans ce cas délivrer le bulletin n° 2 ou n° 3 (Circ. Chanc., 4 décembre 1879, XII) ;

2° Il en est de même lorsque, en l'absence d'acte de naissance et d'acte de notoriété, aucun doute n'existe sur le lieu de naissance. En effet, la circulaire du 6 novembre 1850 (Ch. 3, B. § 8), en ordonnant le classement au casier d'arrondissement des bulletins n° 1, concernant les condamnés dont le lieu de naissance est certain, bien qu'il ne soit pas constaté par les registres de l'état civil, a entendu confier au greffier du tribunal de l'arrondissement d'origine le soin de délivrer les bulletins n° 2 et n° 3. Mais, si l'on craint que des bulletins aient été aussi classés au casier central, on demandera également un extrait à la Chancellerie.

3° Enfin, si aucun acte de naissance n'est trouvé et si l'individu paraît inconnu dans l'arrondissement, le greffier se borne à porter sur la lettre de demande la mention : « *Pas d'acte de naissance applicable. Néant au casier* », et remet cette pièce au Parquet.

S'il s'agit d'un bulletin n° 2, le procureur de la République adresse immédiatement à la Chancellerie une demande d'extrait du casier central, dans laquelle il fait connaître par qui le bulletin avait été demandé, afin que les renseignements soient directement adressés au Parquet qui les a réclamés (Circ. Chanc., 6 décembre 1876, XXIV). Cette demande peut être établie, conformément au modèle ci-après.

<table>
<tr><td>

PARQUET

DU

Procureur de la République

DE

B: . . . . .

———

N°

———

DIRECTION
des affaires criminelles
et des grâces.

—

3° Bureau

—

CASIER CENTRAL

———

</td><td>

A B. . . . . , le. 18

MONSIEUR LE GARDE DES SCEAUX,

J'ai l'honneur de vous transmettre, en exécution du § 24 de votre circulaire du 6 décembre 1876, une demande de bulletin n° 2, émanant du Parquet de N. . . . .

L'individu qu'elle concerne s'est dit né dans l'arrondissement de B. . . . . ; l'examen, tant du casier judiciaire que des registres de l'état civil, a été négatif.

Je suis, etc.

</td></tr>
</table>

Lorsque les bulletins n° 2 ou n° 3 sont terminés, le greffier les soumet à la vérification du procureur de la République. Ce magistrat les examine avec soin et les vise. Il expédie lui-même les bulletins n° 2 et remet au greffier les bulletins n° 3. A ce sujet, rappelons que la Chancellerie recommande aux greffiers de ne pas envoyer les extraits comme papiers d'affaires, soit sous bandes, soit sous enveloppes non fermées (Circ. Chanc., 15 novembre 1880, XVII).

Lorsqu'une demande de bulletin n° 2 est faite par le ministère public, un juge d'instruction ou tout autre magistrat dans l'exercice de ses fonctions, le bulletin n° 2 doit être délivré dans le plus bref délai. La Chancellerie prescrit de l'expédier dans les quarante-huit heures au plus tard (Circ. Chanc., 1er juillet 1856, C. XXIII ; — 10 décembre 1859, § 14 ; — 8 décembre 1868, § XVIII ; — 30 décembre 1873, § XV ; — 4 juin 1888).

Dans les cas où, pour ne pas prolonger la détention préventive, le procureur de la République exprime le désir qu'on lui fasse connaître par voie télégraphique si l'individu qu'il poursuit est ou non relégable, la réponse doit être conçue de façon à ne laisser aucun doute sur la situation pénale de l'inculpé. Des télégrammes insuffisants ont quelquefois autorisé les magistrats, malgré la prohibition inscrite dans l'article 11 de la loi de 1885, à user de la procédure des flagrants délits à l'égard de récidivistes susceptibles d'être relégués ; de là, appel *à minima*, annulation du jugement par la Cour et des frais qui souvent restent à la charge de l'Etat (Circ. Chanc., 4 juin 1888).

SECTION IV. — Bulletins n° 2.

§ I. — *Enonciations qu'ils doivent contenir.*

36. — **Indication de ces énonciations.** — **Modèle.** — Le bulletin n° 2 est le relevé intégral des bulletins n° 1 applicables à la même personne (L., 5 août 1899, art. 4, § 1). Il doit donc contenir les énonciations suivantes (Circ. Chanc., 30 août 1855, 5° ; — 1er juillet 1856) :

1° En tête, et dans l'angle de gauche, le nom du tribunal par le greffe duquel le bulletin est délivré ;

2° Les nom, prénoms et surnoms de l'individu qu'il concerne ;

3° La date et le lieu de sa naissance ;

4° Les noms et prénoms de ses père et mère ;

5° Son domicile ;

6° Son état civil et de famille ;

7° Sa profession ;

8° Le relevé des condamnations prononcées contre lui. — Le gref-

fier doit les indiquer toutes d'une façon sommaire et par ordre chronologique, en ayant soin de mentionner : la date de la condamnation, la
Cour ou le tribunal qui l'a prononcée, la nature des crimes ou délits,
la nature et la durée de la peine.

Certaines mentions nouvelles ont été de plus nécessitées par l'application des lois sur la relégation et sur l'imputation de la détention préventive. C'est ainsi qu'il faut indiquer la date des faits ayant motivé
chaque condamnation (Circ. Chanc., 8 janvier 1890) ; il est également
nécessaire que les extraits d'arrêts ou de jugements, comme les bulletins nº 2 du casier judiciaire, fassent toujours connaître si les condamnations prononcées pour vagabondage ou mendicité l'ont été en vertu
des articles 277 et 279 du Code pénal ; les cas d'application de ces articles étant, d'ailleurs fort rares, il n'en résulte pas pour les greffiers
un grand surcroît de travail (Circ. Chanc., 4 décembre 1886, § VII).
Enfin il faut indiquer : au cas où l'imputation de la détention préventive
a été refusée, le refus du tribunal ; — au cas où l'imputation a eu lieu,
la date de la transcription du mandat de dépôt ou d'arrêt ou de l'ordonnance de prise de corps (Circ. Chanc., 18 août 1894).

S'il est intervenu des décisions gracieuses en faveur du condamné,
ou s'il a profité de la libération conditionnelle, on en fera mention dans
la colonne d'observations (Circ. Chanc., 28 avril 1875 ; — 28 juin
1888). Si le jugement est par défaut, si l'arrêt est par contumace, on
aura soin de l'indiquer dans cette même colonne (Circ. Chanc., 30 décembre 1850, IX ; — 1ᵉʳ juillet 1856, XII ; — 8 décembre 1868, XIII ;
— 29 novembre 1869, IX ; — 30 novembre 1872, XI ; — 30 décembre
1873, X ; — 8 décembre 1875, XV). Il faudra en même temps indiquer
si la peine, au cas de condamnation par défaut a été ou non subie (Circ.
Chanc., 8 décembre 1875, XV ; — 4 juin 1888). Enfin, s'il s'agit d'une
condamnation prononcée sur appel, par la Cour, il faut faire connaître
le nom du tribunal qui a statué en premier ressort et la date du jugement (Circ. Chanc., 6 novembre 1850, IV ; 8 décembre 1868, XIV ; —
30 novembre 1872, XI).

En un mot, tout renseignement judiciaire qui a fait l'objet d'un bulletin nº 1, doit figurer sur le bulletin nº 2 (L., 5 août 1899, art. 4).
Ces bulletins doivent comprendre notamment : — 1º Les condamnations effacées par la réhabilitation et les applications de l'article 66 du
Code pénal, c'est-à-dire les acquittements de mineurs de seize ans,
pour cause de non-discernement (Circ. Chanc., 25 novembre 1871,
XII ; — 6 décembre 1876 ; — 4 décembre 1879, XI ; — 5 décembre
1885 ; — 7 décembre 1887, III ; — 28 décembre 1893, IX ; — 2º Les
condamnations prononcées par des tribunaux étrangers (Circ. Chanc.,

28 décembre 1893, VIII). Il en est ainsi, même quand la condamnation a été prononcée pour un fait non prévu par les lois pénales françaises ; c'est ce qui résulte de l'article 7-3° de la loi de 1899, qui ne prohibe cette inscription que sur les bulletins n° 3 ; — 3° Les condamnations conditionnelles, même si le délai de 5 ans imparti par la loi s'est écoulé sans qu'aucune poursuite, suivie de condamnation à l'emprisonnement soit intervenue (L., 27 mars 1891, art. 4).

De plus, sur l'avis conforme du Conseil de l'ordre de la Légion d'honneur, le Garde des sceaux avait décidé que les interdictions temporaires ou définitives du droit de porter la croix de la Légion d'honneur ou des médailles commémoratives seraient relatées sur les bulletins n° 2 délivrés aux parquets et aux administrations publiques (Circ. Chanc., 15 décembre 1888). Cette prescription est formellement confirmée par la loi nouvelle.

Ces règles sont applicables à tous les individus. Toutefois, en ce qui concerne les étrangers, l'article 12 de la loi du 5 août 1899 porte : « l'étranger n'aura droit aux dispenses d'inscription sur le bulletin « n° 2 que si, dans son pays d'origine, une loi ou un traité réserve aux « condamnés français des avantages analogues ». Il y a là une erreur matérielle ; l'article 12 ainsi rédigé n'a aucun sens. Il faut lire : *Bulletin* n° 3, au lieu de *Bulletin* n° 2.

Toutefois, il existe une exception pour les bulletins n° 2, réclamés pour l'exercice des droits politiques, par les administrations publiques de l'État, notamment par les Préfets et les maires ; ces bulletins n° 2 ne comprennent, aux termes de l'article 4, § 4, de la loi, que les décisions entraînant des incapacités prévues par les lois relatives à l'exercice des droits politiques (Voir : *suprà*, n° 28).

Enfin le bulletin est daté et revêtu de la signature du greffier et du timbre du tribunal, puis il est visé par le procureur de la République qui doit s'assurer que les mentions sont complètes et légales (Circ. Chanc., 1er juillet 1856, XXVI ; — 3 décembre 1863 ; — 4 juin 1888).

La formule du bulletin n° 2 a été donnée par la circulaire de la Chancellerie du 1er juillet 1856, modifiée par celle du 8 janvier 1890. Les bulletins n° 2 doivent toujours être établis sur des imprimés ; la Chancellerie interdit expressément aux greffiers de les rédiger sur des feuilles de timbre en blanc (Circ. Chanc., 15 novembre 1880, XIX ; — 2 décembre 1882, XII).

N° 2.

EXTRAIT
DU CASIER
du
tribunal

d

RELEVÉ

des Bulletins individuels de condamnation alpha-
bétiquement classés au casier judiciaire.

Concernant le nommé

né à

le

de (père)

et de (mère)

domicilié à

État civil de la fmille :

Profession :

DATES DES MANDATS DE DÉPÔT	DATES des CONDAMNATIONS	COURS ou TRIBUNAUX	NATURE des CRIMES OU DÉLITS	DATE PRÉCISE des CRIMES ET DÉLITS ci-contre (quantième, mois et année)	NATURE et DURÉE DES PEINES	OBSERVATIONS

Timbre du tribunal :

VU AU PARQUET

par le Procureur de la République,

CERTIFIÉ CONFORME

par le Greffier soussigné.

Le   18 .

NOTA. Ne pas manquer de relever les condamnations dans l'ordre chronologique.

§ II. — *Délivrance des bulletins n° 2.*

37. — Demandes de Bulletins. — Règles générales. —Les bulletins n° 2 ne peuvent être délivrés qu'au ministère public et aux administrations publiques ; il ne peut jamais en être délivré à de simples particuliers pour quelque motif que ce soit (L., 5 août 1899, art. 4, § 2). — Lorsque le lieu d'origine est connu, la demande doit être adressée par lettre ou par télégramme, au Parquet de cet arrondissement. La demande doit contenir très exactement les nom, prénoms, la date et le lieu de la naissance, et tous les renseignements propres à faciliter les recherches ; elle doit, par suite, indiquer si l'individu a déjà été condamné (Circ. Chanc., 1er juillet 1856, A-IX), énoncer la nature de l'infraction et faire connaître si le prévenu est ou non détenu (Circ. Chanc., 29 novembre 1869, XI ; — 30 novembre 1878, IX ; — 15 novembre 1880, XV ; — 7 décembre 1881, IV). Quand les demandes sont adressées au Parquet de la Seine, il y a lieu, afin de rendre les recherches à l'état civil plus faciles et plus promptes, d'indiquer le numéro de l'arrondissement d'origine de l'inculpé (Circ. Chanc., 28 décembre 1893, XI).

Si l'origine du prévenu est inconnue, la demande est adressée au casier central. Nous donnons ci-après la formule de cette lettre :

DÉPARTEMENT
d

————

ARRONDISSEMENT
d

————

PARQUET

————

N°

————

DIRECTION
des affaires criminelles
et des grâces

—

3ᵐᵉ Bureau

—

CASIER CENTRAL

————

A , *le* 18

MONSIEUR LE GARDE DES SCEAUX,

J'ai l'honneur de vous prier de vouloir bien me transmettre un extrait du casier central concernant l nommé âgé de ans, profession de fil de et de , né le à ( ), demeurant à inculpe d

L susnommé est détenu

Je suis, avec un profond respect, etc...

38.— Délivrance au Ministère public et aux juges d'instruction.
— Les magistrats du Ministère public ont le droit de se faire délivrer
des bulletins n° 2, toutes les fois qu'ils le jugent utile (L., 5 août 1899,
art. 4, § 2). Il doit en effet être joint un bulletin n° 2 à toute procédure
criminelle ou correctionnelle sans exception, sauf toutefois en matière
forestière. Il en est ainsi, même dans les affaires portées devant le
tribunal correctionnel par citation directe du ministère public ou introduites en vertu de la loi de 1863, sur les flagrants délits. Dans ce
dernier cas, l'extrait doit être demandé par télégramme (Circ. Chanc.,
23 mars 1853, V ; — 1er juillet 1856, A-V ; — 10 décembre 1857 ; —
10 décembre 1859, 9 ; — 8 décembre 1868, XVIII ; — 19 novembre
1869, X ; — 30 décembre 1873). Par dérogation aux règles hiérar-
chiques de la correspondance administrative, les extraits du casier
central sont délivrés aux procureurs de la République sur leur demande
adressée directement au Garde des sceaux (Circ. Chanc., 30 août
1855 ; — 1er juillet 1856, III ; — 6 décembre 1876, XXIV). Les procureurs de la République sont autorisés à user de la voie télégraphique,
même pour demander des extraits au casier central (Circ. Chanc., 8 décembre 1868, XVIII ; — 30 décembre 1873, XV).

Nous devons ajouter que, pour éviter des frais à la charge du Trésor,
les magistrats ne doivent faire délivrer de bulletin n° 2 que lorsqu'il y
a des poursuites exercées ; dans les autres cas, les renseignements
doivent être fournis par une simple note (Circ. Chanc., 3 décembre
1863). Il en est ainsi notamment, lorsqu'il y a lieu de s'assurer de la
capacité d'un individu qui veut ouvrir un débit de boissons (Circ.
Chanc., 15 novembre 1880, XXI).

La loi du 5 août 1899, dans son article 4, § 2, déclare que le bulletin
n° 2 est délivré « aux magistrats du parquet et de l'instruction ». Cette
disposition doit être prise dans son sens le plus large et s'applique à
toutes les juridictions. Par suite, les juges d'instruction et les présidents d'assises ont le droit de se faire délivrer les bulletins n° 2 qui
leur sont nécessaires ; il en est de même des commissaires du gouvernement et des rapporteurs près les Conseils de guerre et les tribunaux
maritimes. Enfin cette faculté a été accordée, en matière de faillites et
de liquidations judiciaires, aux présidents des tribunaux de commerce
(Circ. Chanc., 1er décembre 1861 ; 2 décembre 1882, XIII ; — 31 décembre 1892, II).

39. — Délivrance aux administrations. — Les administrations
publiques peuvent également se faire délivrer des bulletins n° 2 ; mais
seulement dans les cas limitativement fixés par l'article 4 de la loi

du 5 août 1899. — Il y a donc lieu de délivrer des bulletins n° 2 :

1° Pour les inscrits maritimes au fur et à mesure de leur levée et sur la demande qui en est faite par les commissaires de l'inscription maritime (L., 5 août 1899, art. 4, § 2 ; — Voir : n° 45).

2° Pour les jeunes soldats, ayant encouru des condamnations prévues par les articles 4 et 5 de la loi du 15 juillet 1889 (Voir n°s 40 et 44).

3° Par les préfets ou les maires pour la révision des listes électorales (L., 5 août 1899, art. 4, § 4 ; — Voir n° 43).

4° Par les administrations publiques saisies de demandes d'emplois publics ou en vue de poursuites disciplinaires (L., 5 août 1899, art. 4, § 3) ; notamment :

a) Par les proviseurs qui demandent directement les bulletins des gens de service de leurs lycées (Circ. Chanc., 20 février 1878) ;

b) Par les chefs de corps de troupes pour joindre aux dossiers des militaires qui demandent à être admis dans la gendarmerie (Circ. Chanc., 15 novembre 1880, § XX) ;

c) Par les autorités militaires ou maritimes pour les élèves des écoles préparatoires qui veulent contracter un engagement militaire (Circ. Chanc., 6 décembre 1876, § XXVIII ; — 8 janvier 1890) ;

d) Par les autorités militaires ou maritimes pour tous les ouvriers, manœuvres ou employés qui travaillent dans les établissements militaires ou maritimes (Circ. Chanc., 28 avril 1875 ; — 1er août 1887) ;

e) Par les directeurs des manufactures de l'Etat pour les ouvriers ou employés de ces établissements (Circ. Chanc., 8 janvier 1890, § II);

f) Par la société de protection des engagés volontaires élevés dans des maisons d'éducation correctionnelle (Circ. Chanc., 25 février 1884);

g) Par la société de patronage des jeunes détenus et des jeunes libérés du département de la Seine (Circ. Chanc., 15 décembre 1895) ;

h) Par la société des libérés et adolescents de Marseille (Circ. Chanc., 31 décembre 1896) ;

i) Par les préfets ou par les maires, relativement aux candidats qui sollicitent leur admission dans une société de secours mutuels approuvée (Circ. Chanc., 6 décembre 1876, § XXVII).

L'administration des contributions indirectes peut-elle joindre un bulletin n° 2 aux procédures suivies dans son intérêt ? « Sous le régime du décret du 1er germinal an XIII, qui ne permettait pas aux tribunaux de prononcer une peine inférieure au minimum fixé par la loi, l'absence d'un extrait du casier judiciaire dans le dossier ne présentait aucun inconvénient ; mais, aujourd'hui que les tribunaux ont la faculté de modérer l'amende édictée par la loi fiscale, en appliquant l'article 463 du Code pénal, l'adjonction à toute procédure d'un extrait du casier

judiciaire constitue pour eux un moyen d'appréciation des plus utiles »
(Circ. Chanc., 28 décembre 1893, VI). Cette règle nous semble devoir
être encore suivie sous le régime de la loi nouvelle.

5° Par les fonctionnaires qui reçoivent une demande d'ouverture
d'école privée, conformément à la loi du 30 octobre 1886 (L., 5 août
1899, art. 4, § 3).

Depuis la loi de 1899, il n'existe aucune différence, au point de vue
des énonciations, entre les bulletins n° 2, délivrés aux administrations publiques, et ceux qui sont délivrés aux magistrats du ministère
public. Cette règle ne comporte qu'une exception : les bulletins n° 2,
réclamés pour l'exercice des droits politiques, ne comprennent que les
décisions entraînant des incapacités prévues par les lois relatives à
l'exercice des droits politiques (*Suprà*, n° 36 ; — *Infrà*, n° 43).

Les administrations publiques doivent former leurs demandes, en se
conformant aux règles suivantes. — Si la personne que le bulletin
n° 2 concerne est née en France, en Corse ou en Algérie, la demande
doit être adressée au procureur de la République près le tribunal de
l'arrondissement d'origine, soit directement, soit par l'intermédiaire du
parquet du lieu où réside le fonctionnaire qui réclame cette pièce. —
Si elle est née aux colonies ou à l'étranger, ou si la naissance n'est pas
constatée sur les registres de l'état civil, l'administration doit envoyer
sa demande à la Chancellerie (*Casier central*), soit directement, soit
par l'intermédiaire du parquet.

40. — **Recrutement.** — **Etats nominatifs annuels.** — Pour constater exactement les antécédents judiciaires des jeunes soldats des classes, la combinaison suivante a été arrêtée entre la Chancellerie et le
ministère de la guerre (Circ. Chanc., 4 juillet 1898 ; — Circ. Guerre,
22 avril 1898).

Au cours des opérations de la revision, les commandants des bureaux
de recrutement préparent des états nominatifs, distincts pour chaque
arrondissement de naissance, des jeunes soldats de la classe et des
ajournés des classes précédentes inscrits sur les 1ᵣₒ, 2ᵉ, 3ₒ et 6ᵗ parties
de la liste du recrutement cantonal. Chacun de ces états, arrêtés définitivement après la clôture de la revision, est envoyé en double expédition, le 1ᵉʳ juillet, par le commandant du recrutement au procureur
de la République de l'arrondissement duquel dépendent les communes
où sont nés les jeunes gens. Dans le cas où un jeune soldat est né hors
de France, l'état le concernant est envoyé directement au ministère de
la justice et des cultes.

Le procureur de la République, après avoir fait procéder aux recherches nécessaires, fait établir un bulletin n° 2 pour tout jeune soldat qui a été l'objet d'une condamnation quelconque.

Ce magistrat adresse ensuite, le plus tôt possible et le 31 août au plus tard, ces extraits au commandant du bureau de recrutement, en même temps qu'il lui renvoie l'une des expéditions de l'état nominatif, sur laquelle il a préalablement fait porter la mention « *néant* », en regard du nom des jeunes gens qui n'ont encouru aucune condamnation.

La seconde expédition est retenue par le procureur de la République, afin de lui permettre de faire adresser, le cas échéant, au commandant du bureau de recrutement l'extrait du casier judiciaire de tout jeune soldat qui viendrait à encourir une condamnation, dans l'intervalle de temps compris entre la date de l'envoi de l'état nominatif et la mise en route.

§ III. — Prix et payement des bulletins n° 2.

41. — **Fixation du prix.** — Les bulletins n° 2 sont dispensés du droit de timbre (L., 26 janvier 1892, art. 5). Jusqu'à ce que le règlement d'administration publique prévu par la loi de 1899 ait statué, le prix de ces bulletins reste fixé à 25 et à 15 centimes. Cette somme représente le montant du droit de rédaction alloué au greffier. Ces bulletins sont maintenant toujours exempts de tout droit d'enregistrement et des droits de recherches et d'inscription au répertoire. En principe, le prix est de 25 centimes, il est réduit à 15 centimes dans certains cas exceptionnels, c'est ce qui a lieu : — 1° pour les bulletins concernant les jeunes soldats des classes, délivrés au recrutement ; — 2° pour tous les bulletins concernant les marins inscrits et levés pour le service de l'État, délivrés à l'inscription maritime ; — 3° pour les bulletins négatifs délivrés aux municipalités aux fins de révision des listes électorales.

Que faut-il décider pour les bulletins n° 2 délivrés en vue d'ouverture d'écoles privées ? On s'était déjà demandé, avant la loi de 1899, si les extraits des casiers judiciaires, délivrés par application des articles 37 et 38 de la loi du 30 octobre 1886, devaient l'être gratuitement. La solution négative avait été admise sans hésitation par la Chancellerie. En effet, la gratuité édictée par l'article 63 ne l'avait été qu'à titre transitoire et ne s'appliquait qu'aux seuls directeurs et instituteurs adjoints des écoles privées qui existaient avant la promulgation de la loi ; mais il est évident que si le législateur avait entendu accorder la même immunité aux instituteurs qui ont l'intention d'ouvrir une école, il l'aurait expressément déclaré dans les articles 37 et 38. La Chancellerie a donc

donné les ordres nécessaires pour que les extraits des casiers judiciaires, délivrés aux personnes désirant ouvrir un établissement d'enseignement privé, fussent toujours soumis au droit d'enregistrement (Circ.
Chanc., 1er août 1887). Actuellement, quelle sera la règle à suivre?
Ces bulletins, ainsi qu'il résulte du texte de la loi, sont délivrés non
plus aux intéressés eux-mêmes, mais à l'inspecteur d'Académie ou à
tout autre fonctionnaire compétent pour instruire la demande d'ouverture d'école. Le prix est par suite fixé à 25 centimes.

Il en sera de même des bulletins délivrés pour les engagements
militaires et les propositions d'officiers de réserve, car ils devront être
réclamés, non plus par les intéressés, mais par l'autorité militaire.

42. — Payement des bulletins délivrés aux magistrats. — La
dépense occasionnée par la rédaction des bulletins no 2, délivrés aux
magistrats et aux juges-commissaires des faillites, rentre dans les frais
de justice criminelle et est mise à la charge du département de la justice. Le prix en est payé aux greffiers de la même façon que celui des
bulletins no 1. Toutefois, si le Garde des sceaux, par une lettre en date
du 21 juin 1851, a pu dispenser les greffiers de donner, dans leurs mémoires, le détail des bulletins délivrés pour les casiers judiciaires,
détail inutile, puisqu'il s'agit d'une dépense incontestablement à la
charge de son département, cette dispense ne saurait, aux yeux de la
Chancellerie, être appliquée aux bulletins no 2, attendu que cette mesure serait préjudiciable aux intérêts du Trésor, et qu'elle serait en
opposition avec les termes de l'article 49 de l'ordonnance du 30 septembre 1826 et de l'article 2 de l'ordonnance du 28 novembre 1838 qui
prescrivent de délivrer deux exemplaires entièrement semblables de
tous mémoires de frais de justice, *non réputés urgents* (Circ. du dir.
gén. de la compt. publ., 29 février 1888).

Toutefois les prix de ces bulletins sont compris parmi les frais de
justice à recouvrer sur les condamnés.

43. — Bulletins délivrés pour la révision des listes électorales.
— Ces bulletins restaient d'abord à la charge des frais de justice criminelle. Mais, par une circulaire du 8 janvier 1890, le Garde des sceaux
a décidé qu'à partir du 1er janvier 1890, la dépense dont il s'agit ne
devra plus figurer sur les états de frais de justice et sera supportée par
les communes.

A cet effet, chaque semestre, avant le 1er juin et le 1er décembre, les
greffiers des tribunaux de première instance doivent envoyer aux maires, par l'intermédiaire des Préfets, l'état des extraits ou bulletins no 2

délivrés, avec le montant des droits de 15 ou 25 centimes en regard. Cet état, dressé sur papier libre, si le total est inférieur à 10 francs, et sur timbre, s'il est supérieur à cette somme, est transmis par le préfet compétent au maire qui établit alors, avec la suscription « *Droits de greffe* », un mandat général de payement contenant, dans le texte, en marge ou au verso du mandat, l'indication des greffiers créanciers et des sommes qui leur sont respectivement dues. D'après ces indications, le receveur municipal remplit autant de mandats-cartes qu'il y a d'officiers ministériels portés sur le mandat général, et il a soin, en remettant les fonds au bureau de poste, de réclamer sur ce mandat l'acquit pour ordre du receveur des postes. Avec ce mode de payement, le receveur municipal n'a pas à remplir la formalité de la lettre d'envoi au destinataire, ni à réclamer un avis de réception du mandat-carte. Le receveur des postes du bureau payeur à qui parvient ce mandat, invite le greffier qui en est bénéficiaire, à venir en toucher le montant (Circ. Chanc., 21 juillet 1891).

44. — Bulletins délivrés au recrutement. — Le greffier est rémunéré, de la façon suivante, du travail auquel donnent lieu les états nominatifs communiqués chaque année par le recrutement. Il reçoit 15 centimes pour chaque copie du casier judiciaire (*suprà*, n° 41) et 5 centimes pour chacun des hommes n'ayant pas d'antécédents judiciaires de nature à entraîner leur incorporation dans les corps disciplinaires.

Il doit joindre un mémoire à chacun des états qui sont retournés aux commandants de recrutement (Circ. Guerre, 22 avril 1898).

Ces officiers supérieurs, après avoir contrôlé et certifié les dits mémoires, établissent, pour chaque corps d'armée, un état récapitulatif, comprenant : — 1° la désignation des parquets situés dans l'étendue de ce corps d'armée et auxquels des recherches auront été demandées ; — 2° le nombre des mémoires présentés par chacun des greffiers attachés à ces tribunaux avec le total des sommes réclamées en regard.

Cet état, accompagné des mémoires à l'appui, est ensuite transmis par leurs soins au directeur du service de l'intendance du corps d'armée, dans lequel se trouve la résidence des greffiers intéressés.

L'intendant militaire directeur, après vérification des mémoires, assure le payement immédiat des sommes revenant à chaque partie prenante, sur les crédits disponibles au titre du budget de la justice militaire (Circ. Guerre, 22 avril 1898).

45. — Bulletins délivrés au Ministère de la Marine. — Une circulaire du 8 août 1867, toujours en vigueur, bien qu'elle n'ait pas été insérée au Recueil officiel, dispose que le greffier doit dresser, chaque année, un mémoire des bulletins qu'il a délivrés aux autorités mariti-mes et que le procureur de la République, après avoir certifié cette délivrance, le transmet au Préfet de l'arrondissement maritime auquel appartiennent les autorités qui ont réclamé les bulletins. — Cette dis-position s'applique notamment aux extraits des inscrits maritimes, dé-livrés au fur et à mesure des levées aux commissaires de l'inscription maritime (Circ. Chanc., 24 octobre 1885 ; — Voir : *suprà*, n°s 37 et 41).

46. — **Bulletins délivrés aux autres administrations publiques.** — Les autres administrations publiques payent directement les bulle-tins qu'elles réclament, au fur et à mesure de leur délivrance. Le plus souvent, un timbre de 25 centimes ou une traite du Trésor est joint à la demande.

SECTION V. — Bulletins n° 3.

§ I. — Enonciations qu'ils doivent contenir.

47. — **Principe.** — Le bulletin n° 3, destiné exclusivement à être délivré à la personne même qu'il concerne, n'est, comme nous l'avons déjà dit, qu'un extrait partiel du casier judiciaire.

Il contient le relevé des bulletins n° 1 applicables à cette personne, sauf certaines mentions qui ne doivent jamais être inscrites sur les bulletins n° 3 et certaines autres qui cessent d'y être portées au bout d'un certain temps.

L'article 7 de la loi du 5 août 1899 énumère les décisions qui ne doivent pas être inscrites sur le bulletin n° 3. Mais, conformément à l'article 9 de cette loi, il faut diviser cette liste limitative en deux séries bien distinctes : les premières ne doivent *jamais* figurer sur le bulletin n° 3 ; les secondes ne sont omises sur ce bulletin, qu'autant qu'il n'est intervenu ultérieurement aucune nouvelle condamnation pour crime ou délit à une peine autre que l'amende.

Aux termes de l'article 12 de la loi du 5 août 1899, et, malgré une erreur matérielle de rédaction que nous avons déjà signalée, l'étranger n'a droit à ces dispenses d'inscription que si, dans son pays d'origine, une loi ou un traité réserve aux condamnés français des avantages analogues. — Par conséquent, en principe, le bulletin n° 3 d'un étran-ger doit reproduire toutes les énonciations des bulletins n° 1 et devient identique au bulletin n° 2.

48. — **Mentions qui ne doivent jamais être inscrites.** — Aux termes des articles 7 et 9 de la loi de 1899, ne sont *jamais* inscrites au bulletin n° 3 :

1° Les décisions prononcées par application de l'article 66 du Code pénal, c'est-à-dire les jugements ou arrêts, acquittant un mineur, comme ayant agi sans discernement et ordonnant, soit qu'il sera remis à ses parents, soit qu'il sera renvoyé dans une maison de correction pendant un temps déterminé ;

2° Les condamnations effacées par la réhabilitation ; peu importe qu'il s'agisse de la réhabilitation prononcée par la Chambre d'accusation ou de la réhabilitation de droit ;

3° Les condamnations pour lesquelles la Cour ou le tribunal a, par application de la loi du 26 mars 1891, ordonné qu'il serait sursis à l'exécution de la peine, lorsque cinq années se sont écoulées depuis le prononcé du jugement ou de l'arrêt, et que, pendant ce laps de temps, le condamné n'a encouru aucune poursuite suivie de condamnation à l'emprisonnement ou à une peine plus grave, pour crime ou délit de droit commun ;

4° Les condamnations prononcées en pays étranger, mais seulement pour des faits non prévus par les lois pénales françaises ;

5° Les condamnations pour délits prévus par les lois sur la presse, à l'exception des condamnations : — *a*) pour diffamation (L., 29 juillet 1881, art. 30, 31, 32 et 34 ; —L., 11 juin 1887, art. 1, § 1) ; — *b*) pour outrages aux bonnes mœurs (L., 29 juillet 1881, art. 28 ; — L., 2 août 1882, art. 1, modifié par la loi du 16 mars 1898) ; — *c*) pour provocation à des crimes ou délits, par l'un des moyens spécifiés dans l'art. 23 de la loi du 29 juillet 1881 (L., 29 juillet 1881, art. 23 et 24, § 1) ; — *d*) pour cris ou chants séditieux proférés dans des lieux ou réunions publics (L., 29 juillet 1881, art. 24, § 2) ; — *e*) pour provocation, par l'un des moyens énoncés en l'article 23, adressée à des militaires de terre ou de mer, dans le but de les détourner de leurs devoirs militaires et de l'obéissance qu'ils doivent à leurs chefs (L., 29 juillet 1881, art. 25).

49. — **Mentions qui ne doivent pas être inscrites à moins de condamnation ultérieure.** — Tant qu'il n'est pas intervenu une condamnation ultérieure pour crime ou délit, à une peine autre que l'amende, ne sont pas inscrites au bulletin n° 3 (L., 5 août 1899, art. 7 et 9) :

1° Une première condamnation à un emprisonnement de trois mois au plus, prononcée par application des articles 67, 68 et 69 du Code pénal, contre un mineur qui a été déclaré avoir agi avec discernement ;

2° Une condamnation avec sursis à un mois ou à moins d'un mois d'emprisonnement, avec ou sans amende, et, par suite, une condamnation avec sursis à l'amende, sans emprisonnement, encore bien que le délai de cinq ans prévu par l'article 4 de la loi du 26 mars 1891 ne soit pas expiré ;

3° La déclaration de faillite, si le failli a été déclaré excusable par le tribunal ou a obtenu un concordat homologué;

4° La déclaration de liquidation judiciaire.

50. — Mentions qui cessent d'être inscrites après un certain temps. — Aux termes de l'article 8 de la loi, certaines condamnations cessent d'être inscrites après l'expiration d'un certain délai. Ce délai court, dans tous les cas, non du jour du prononcé du jugement, mais de celui de l'expiration de la peine corporelle ou du payement de l'amende, suivant le cas.

Dans le cas où une peine corporelle et celle de l'amende ont été prononcées cumulativement, le délai commence à courir du jour où ces deux peines ont été complètement exécutées (Art. 8, § 7).

La remise totale ou partielle, par voie de grâce, de l'une ou de l'autre de ces peines équivaut à leur exécution totale ou partielle (Art. 8, § 8).

L'exécution de la contrainte par corps équivaut au payement de l'amende (Art. 8, § 9). Le délai, en ce cas, a pour point de départ le jour où l'incarcération, en exécution de la contrainte, a pris fin.

Pour l'avenir, le greffier sera avisé du jour de l'expiration de la peine corporelle et du payement de l'amende par les états qu'adresseront régulièrement l'administration pénitentiaire et les receveurs des finances, et il trouvera ces senseignements sur le bulletin n° 1 où il aura eu soin de les consigner. Mais on ne peut songer à compléter ainsi la masse énorme de bulletins établis depuis l'origine du casier jusqu'à la promulgation de la loi nouvelle. Il faudra donc que l'intéressé qui a subi des condamnations qui, selon lui, ne doivent plus être inscrites au bulletin n° 3, ait soin, en faisant sa demande, d'indiquer le lieu où il a subi sa peine ou la contrainte par corps et la date de sa libération, et qu'il produise la quittance du percepteur, s'il a payé l'amende.

Ne doivent plus être inscrites au bulletin n° 3, après l'expiration d'un délai :

D'un an : — la condamnation unique à moins de six jours de prison ou à une amende ne dépassant pas vingt-cinq francs, ou à ces deux peines réunies (Art. 8-1°). Il y a exception cependant au cas où ces condamnations entraînent une incapacité civile ou politique. Il en résulte qu'une partie de cette première disposition est inapplicable dans l'état actuel de la législation ; en effet, aux termes de l'art. 2-11° de la loi du 21 novembre 1872, « sont incapables d'être jurés pour cinq ans seulement, à dater de l'expiration de la peine, les condamnés à un emprisonnement de moins de trois mois, pour quelque délit que ce soit, même pour les délits politiques ou de presse ». — Les condamnations à l'amende n'entraînent qu'exceptionnellement des incapacités ; nous avons donné aux annexes un tableau complet des cas dans lesquels la condamnation à l'amende ne pourra bénéficier de la prescription d'une année au point de vue de l'inscription au bulletin n° 3 (*Annexe* IV ; tableau D).

Remarquons toutefois que la loi du 21 novembre 1872 déclare incapables d'être jurés « les condamnés à l'amende pour... *abus de confiance* ». Cette expression comprend non seulement l'abus de confiance proprement dit, mais encore l'abus de blanc-seing et les autres délits prévus par le § II, section 2° du chapitre II (L. III, t. II du Code pénal), puisque ce paragraphe a pour titre *abus de confiance*.

De cinq ans : — La condamnation unique à six mois ou moins de six mois de prison ou à une amende, ainsi qu'à ces deux peines réunies (Art. 8-2°).

De dix ans : — *a*) la condamnation unique à une peine corporelle (Prison ; — Réclusion ; — Travaux forcés ; — Travaux publics, etc...) de deux ans ou moins de deux ans ; — *b*) les condamnations multiples dont l'ensemble ne dépasse pas un an (Art. 8-3°). Peu importe que des amendes aient été ou non prononcées accessoirement.

De quinze ans : — la condamnation unique supérieure à deux ans de prison (Art. 8-4°).

L'article 8 (sauf dans un cas spécial, prévu par la disposition finale de l'alinéa 3°) parle toujours d'une condamnation *unique*. A ce sujet une difficulté sérieuse peut se présenter. Un individu est condamné pour vol à un mois de prison ; mais antérieurement il avait commis un autre délit dont l'existence n'était pas connue au moment du premier jugement, ou pour lequel il a été fait une procédure distincte. De ce chef, il est de nouveau condamné à une autre peine, par exemple à deux mois de prison. Doit-on dire qu'ayant subi non plus une condamnation unique, mais deux condamnations distinctes, il ne pourra bénéficier des dispositions de l'article 8-5°, et que ces condamnations ne cesseront pas d'être inscrites au bulletin n° 3, cinq ans après l'expiration de la dernière peine ? Nous ne saurions l'admettre. Il ne peut dépendre soit du hasard soit d'un caprice d'un chef de parquet, d'empêcher, par la division des poursuites, un condamné de profiter d'une disposition légale. Il conviendra d'appliquer, par analogie, la jurisprudence suivie en matière de relégation : toutes les fois que les faits ayant motivé les condamnations subséquentes seront antérieurs au jour où la première condamnation est devenue définitive vis-à-vis du condamné, ces diverses condamnations devront être considérées comme une condamnation globale et unique. Pour déterminer le quantum de la peine, il y aura lieu d'examiner si la confusion des peines a été ordonnée ou non : dans le premier cas, il n'y aura lieu de tenir compte que de la peine la plus forte ; dans le second cas, il faudra additionner les différentes peines prononcées sans toutefois que le total puisse excéder le maximum prévu par le fait puni de la peine la plus grave. Quant au point de départ du délai de prescription de l'inscription au casier, il courra du jour où a expiré la dernière peine prononcée et subie.

51. — **Survenance d'une nouvelle condamnation.** — En cas de condamnation ultérieure pour crime ou délit à une peine autre que l'amende, le bulletin n° 3 reproduit intégralement les bulletins n° 1, à l'exception toutefois des décisions limitativement prévues par les paragraphes 1 à 4 de l'article 7 et dont nous avons donné l'énumération (*suprà*, n° 48).

Par crime, il faut entendre tout fait puni d'une peine afflictive ou infamante ; le délit est toute infraction, quelle qu'en soit la nature, punie de six jours au moins d'emprisonnement ou d'une amende de 16 francs et au-dessus. L'ancienne distinction entre les *délits* et les *délits contraventionnels* a été, depuis longtemps, abandonnée en doctrine et en jurisprudence.

52. — **Modèle.** — Le bulletin n° 3 doit être établi, sur des formules, à peu près semblables à celles en usage pour le bulletin n° 2 ; seules les colonnes relatives à la date du crime ou du délit et à la date du mandat de dépôt sont supprimées ; ces renseignements ne présentent aucun intérêt pour les simples particuliers, et, par suite, ne doivent pas être reproduits sur les bulletins n° 3. — Pour éviter toute confusion, il est indispensable que les formules de bulletins n° 3 soient imprimées sur papier de couleur.

N° 3.

EXTRAIT

DU CASIER

du

tribunal

d

RELEVÉ

des Bulletins individuels de condamnation alphabétiquement classés au casier judiciaire.

Concernant le nommé

né à

le

de (père)

et de (mère)

domicilié à

État civil de la famille :

Profession :

DATES des CONDAMNATIONS	COURS ou TRIBUNAUX	NATURE des CRIMES OU DÉLITS	NATURE et DURÉE DES PEINES	OBSERVATIONS

Timbre du tribunal :

VU AU PARQUET
par le Procureur de la République,

CERTIFIÉ CONFORME
par le Greffier soussigné.
Le 18 .

NOTA. — Ne pas manquer de relever les condamnations dans l'ordre chronologique.

§ II. — Délivrance des bulletins n° 3. — Prix de ces bulletins.

53. — Demandes. — Délivrance. — Un bulletin n° 3 peut être réclamé par la personne qu'il concerne. Il ne doit, dans aucun cas, être délivré à un tiers (L., 5 août 1899, art. 6).

Toute personne avait antérieurement le droit de se faire délivrer un bulletin n° 2, relatif à son propre casier (Circ. Chanc., 14 août 1876, § 3, art. 12 ; 6 décembre 1876, XXV).

Mais il n'en était pas de même, en ce qui concernait les tiers. Cette remise peut en effet avoir de graves inconvénients et ce serait dénaturer le caractère de l'institution du casier judiciaire que de l'exposer à venir en aide à des réclamations privées ou à servir de mauvais desseins.

La Chancellerie, avait, à l'origine accordé au procureur général le droit d'examiner les demandes de cette nature et de voir s'il y avait lieu de faire exception. La Chancellerie laissait la question à son appréciation, mais en recommandant de n'accueillir la demande que pour des motifs très sérieux : ce n'était d'ailleurs que sur l'autorisation expresse de ce magistrat que le greffier pouvait délivrer l'extrait réclamé (Circ. Chanc., 14 août 1876, § III, art. 12 ; — 6 décembre 1876, XXV).

Les circulaires du 4 décembre 1884 et du 8 janvier 1890 avaient affirmé plus énergiquement encore le principe ; elles avaient interdit d'une façon absolue de délivrer des extraits du casier judiciaire à des tiers. Cette règle a été maintenue par l'article 6 de la loi de 1899.

La règle est tellement stricte qu'elle doit être observée même au cas où l'extrait d'un conjoint est demandé par l'autre pour obtenir le divorce. La circulaire du 4 décembre 1884, § VII, trace la marche à suivre pour ce cas spécial. Lorsque le casier ne contient pas de condamnation à une peine afflictive ou infamante ni de condamnation correctionnelle pour adultère ou coups et blessures envers le conjoint, on doit se borner à le faire connaître par simple lettre, à celui des époux qui a demandé l'extrait de l'autre et sans parler des autres condamnations qui pourraient figurer au casier. Si au contraire il se trouve dans le casier une condamnation de nature à justifier une demande en divorce, le parquet, sans délivrer le bulletin n° 3, pourra indiquer le lieu et la date de la condamnation au conjoint intéressé, afin de le mettre à même de se procurer un extrait de l'arrêt ou du jugement. Il n'y a d'exception à ce principe que si le demandeur en divorce n'a à sa disposition, comme moyen de preuve que l'extrait du casier, par exemple dans le cas où l'incendie des archives d'un greffe ne permettrait pas de retrouver la minute de la décision judiciaire. — A plus forte raison, on ne doit pas délivrer d'extrait pour joindre au dossier, quand une poursuite est faite à la requête d'une partie civile.

Afin d'éviter toute erreur dans la délivrance et pour que l'identité de l'impétrant soit exactement constatée, il faut appliquer aux demandes des bulletins n° 3 les règles tracées par la circulaire du 8 janvier 1890 relativement aux demandes de bulletins n° 2, formées dans un intérêt personnel. Il faut donc que la demande soit faite par lettre au procureur de la République, précisant l'état civil et signée de l'intéressé. Après qu'il y a été fait droit, la demande est classée au greffe, pour qu'on puisse y recourir en cas de besoin. Cette demande est dispensée du droit de timbre (L., 28 avril 1893, art. 37). Si celui qui réclame un bulletin n° 3, ne sait ou ne peut signer, cette impossibilité est constatée par le maire ou le commissaire de police qui attestent en même temps que la demande est faite sur l'initiative de l'intéressé.

A quel procureur de la République la demande doit-elle être adressée? Il y a lieu de suivre les règles que nous avons indiquées pour les demandes de bulletins n° 2 faites par les administrations publiques.

54. — Délivrance obtenue à l'aide d'un faux nom ou d'une fausse qualité. — Quiconque, en prenant un faux nom ou une fausse qualité, se fait délivrer le bulletin n° 3 d'un tiers, est puni d'un emprisonnement d'un mois à un an (L., 5 août 1899, art. 11, § 3).

Ce délit est de la compétence des tribunaux correctionnels. L'article 463 du Code pénal est applicable (Art. 11, § 4).

55. — Fixation du prix. — Payement. — Les bulletins n° 3 sont dispensés du droit de timbre (L., 26 janvier 1892, art. 5). Le coût en demeure fixé provisoirement à 1 fr. 25 (décimes compris), par application des instructions sur les bulletins n° 2. Il se décompose ainsi qu'il suit :

1° Droits dus au greffier.
- Droit de rédaction. . . . . 0 fr. 25
- Droit de recherches . . . . 0 » 50
- Droit d'inscription au répertoire . . . 0 » 25

2° Enregistrement (décimes non compris). . . . . . 0 » 20

Toute personne qui désire obtenir un bulletin n° 3, doit, en faisant sa demande, déposer le montant du prix (1 fr. 25, plus 0 fr. 15, s'il y a lieu, pour envoi par la poste).

Le prix des extraits, délivrés par le casier central aux simples particuliers, est perçu par l'intermédiaire des greffiers. — Chaque année, dans les derniers jours de décembre, ils versent le montant des droits de recherche, de rédaction et d'inscription, c'est-à-dire 1 franc par extrait, entre les mains du receveur des finances, contre un récépissé que le procureur de la République communique immédiatement à la Chancellerie. Ils ne conservent que les sommes reçues pour les droits d'enregistrement (Décr., 10 avril 1877 ; — Circ. Chanc., 5 mai 1877 ; — 15 novembre 1880, § XVI). — Dans les arrondissements où les recettes particulières ont été supprimées, le greffier fait son versement chez le percepteur, qui délivre un récépissé provisoire lequel est échangé contre un récépissé définitif, émanant de la trésorerie générale. Ce dernier récépissé est transmis au ministère de la justice, conformément à l'article 4 du décret du 10 avril 1877 (Circ. Chanc., 8 janvier 1890).

SECTION VI. — Erreurs. — Rectifications.

56. — Erreurs commises dans les bulletins n° 1. — La double revision dont chaque bulletin est l'objet, permet de découvrir facilement certaines erreurs ou omissions qui peuvent avoir été commises dans la rédaction ; il suffit alors de les signaler au greffier qui fait les rectifications nécessaires.

Mais il peut arriver, et le cas se présente même assez fréquemment, qu'un individu prenne l'état civil d'une autre personne et se fasse condamner sous son nom ; l'erreur n'apparaît que plus tard, quand la personne dont on a usurpé l'état civil, s'aperçoit qu'il existe à son casier une condamnation qui ne lui est pas applicable. Comment devra-t-on opérer la destruction du bulletin erroné et la rectification du casier judiciaire ?

Avant la loi de 1899, le bulletin n° 1 n'était pas, à vrai dire, un acte authentique dans toute l'acception légale du mot ; mais il contenait cependant sous forme d'extrait, certifié par le greffier, le procureur de la République et le procureur général, les indications essentielles des jugements et arrêts dont il reproduisait les dispositions pénales. On en avait conclu qu'un tribunal pouvait trancher cette difficulté et que c'était devant le tribunal correctionnel qui avait prononcé la condamnation que la demande devait être portée (Dijon, 31 mars 1875 ; S. 77.2.140 ; P. 77.597 ; D. 76.2.32 ; — Instr. du Proc. gén. de Rouen, 25 février 1879).

La loi nouvelle a réglé la procédure à suivre en pareil cas.

Celui qui veut faire rectifier une mention portée à son casier judiciaire, présente requête au président du tribunal ou de la Cour qui a rendu la décision (Art. 14, § 1). Cette requête est faite sur papier libre

(Art. 14, § 9), et n'est assujettie à aucune forme spéciale. Notamment, il n'est pas nécessaire qu'elle soit présentée par un avoué.

Le président communique cette requête au ministère public et commet un juge pour faire le rapport (Art. 14, § 2).

Le tribunal ou la Cour statue en audience publique, sur le rapport du juge et les conclusions du ministère public (Art. 14, § 3).

Avant de rendre sa décision, la juridiction saisie peut ordonner d'assigner devant elle la personne, objet de la condamnation (Art. 14, § 4). Bien que la loi ne le dise pas, il est évident que le tribunal ou la Cour pourra procéder à tous les actes d'instruction qui lui paraissent nécessaires et notamment entendre les témoins qu'il croirait devoir faire citer.

Dans le cas où la requête est rejetée, le requérant est condamné aux frais. Si au contraire la requête est admise, les frais sont supportés par celui qui a été la cause de l'inscription reconnue erronée, s'il a été appelé dans l'instance (Art. 14, §§ 5 et 6). La loi ne dit pas qui supportera les frais, si la requête est admise, et si celui qui a été la cause de l'inscription n'a pas été appelé au procès ; il faut en conclure qu'en ce cas, conformément aux principes généraux, les frais resteront à la charge de Trésor.

Mention de la décision rendue est faite en marge du jugement ou de l'arrêt visé par la demande en rectification (Art. 14, § 8).

Tous les actes, jugements et arrêts sont dispensés de timbre et enregistrés gratis (Art. 14, § 9).

Le ministère public a le droit d'agir d'office en rectification de casier judiciaire (Art. 14, § 7). Le magistrat compétent est le magistrat du ministère public (Procureur de la République ou Procureur général, selon le cas) près la juridiction de qui émane la décision à l'occasion de laquelle a été dressé le bulletin n° 1 qui paraît erroné. — La procédure à suivre est la même que dans le cas où la requête émane de l'intéressé (Art. 14, § 7).

57. — **Inscription déterminée par un faux état civil.** — **Conséquences pénales.** — L'article 11, § 1, est ainsi conçu : « Quiconque, en prenant le nom d'un tiers, aura déterminé l'inscription, au casier de ce tiers, d'une condamnation, sera puni de six mois à cinq ans d'emprisonnement, sans préjudice des poursuites à exercer pour le crime de faux, s'il y échet ».

La rédaction de ce texte est défectueuse. La première partie de l'article crée un délit spécial, résultant du fait par un individu d'avoir, en usurpant l'état civil d'un tiers, déterminé l'inscription d'une condamnation au casier de ce tiers. Puis une disposition finale porte que, néanmoins, s'il y échet, des poursuites pourront être exercées pour crime de faux. Il y a là une contradiction apparente. En effet, le but du législateur a été d'étendre une dérogation aux principes généraux, qui existait déjà pour les faux commis dans les passeports et dans les permis de chasse, et de classer au nombre des délits correctionnels le faux commis en matière de casier judiciaire. Mais alors pourquoi réserver, dans certains cas, le droit d'exercer des poursuites pour faux ? Quels seront ces cas ? La loi n'a évidemment pas entendu autoriser le ministère public à poursuivre, suivant sa fantaisie, tantôt devant le tribunal correctionnel, tantôt devant la Cour d'assises. Le vice de cette rédaction a été signalé au Sénat, et le rapporteur a expliqué que le législateur a eu en vue, dans la disposition finale le cas où le condamné ne s'est pas borné à commettre un faux par substitution de personnes, en usurpant l'état civil d'un tiers, et, où, pour arriver à cette substitution, il a été obligé de fabriquer des pièces fausses ou d'altérer les pièces produites. Dans cette hypothèse, il y a lieu d'appliquer les dispositions du Code pénal sur les crimes de faux.

Est puni de la même peine de six mois à cinq ans d'emprisonnement celui qui, par de fausses déclarations relatives à l'état civil d'un inculpé, a sciemment été la cause de l'inscription d'une condamnation sur le casier judiciaire d'un autre que cet inculpé (Art. 11, § 2). Cette disposition n'était pas indispensable ; car le fait qu'elle prévoit n'est en réalité qu'un des cas de complicité compris dans l'article 60 du Code pénal.

L'article 463 du Code pénal est applicable dans tous les cas (Art. 11, § 4).

58. — Erreurs commises dans les bulletins n⁰ 2 et n⁰ 3. — Les erreurs de rédaction, les lacunes ou omissions disparaîtront facilement par suite de la vérification opérée au Parquet. Mais des erreurs plus graves peuvent se présenter : le bulletin n° 2 ou n° 3 mentionne des condamnations, alors que l'individu qu'il concerne n'en a jamais encouru. Cette erreur viendra ou de ce qu'il existe au casier des bulletins erronés, ou de ce que le greffier s'est trompé de nom ou de prénoms. Nous avons vu (*supra*, n° 56) comment il y avait lieu d'opérer dans le premier cas ; dans le second cas, il suffira de retourner le bulletin au greffier qui l'a délivré et il fera les rectifications nécessaires.

Il pourra arriver qu'un individu ait encouru plusieurs condamnations et que l'extrait du casier judiciaire n'en porte aucune ou n'en mentionne que quelques-unes seulement. Cette erreur résultera de l'une des trois causes suivantes : le greffier a oublié de relever certains bul-

letins n° 1, — ou les bulletins n° 1 n'ont pas été envoyés au casier judiciaire — ou l'individu s'est fait condamner sous de faux noms. La plupart du temps la rectification deviendra très difficile. Il faudra commen-
cer par interroger cet individu et lui demander combien de fois, où et à
quelle date il a été condamné, s'il consent à le faire connaître, on
prendra note de ses aveux, on fera vérifier si les indications fournies
sont exactes, puis on adressera le tout au procureur de la République
de l'arrondissement d'origine. Ce magistrat recherchera si les bulletins
n° 1 existent au casier et s'ils ne sont pas trouvés il en demandera des
duplicata. Mais la plupart du temps, le prévenu refusera de faire connaître ses antécédents : il faudra alors demander des renseignements
aux autorités locales, faire faire des recherches au service anthropométrique et au greffe d'origine, puis s'adresser au casier central.

**59. — Contestations sur les mentions à porter sur les bulle-
tins n° 3.** — Il arrivera fréquemment qu'un individu prétendra que
certaines condamnations ne doivent pas figurer sur le bulletin n° 3 qui
lui est délivré. Le greffier devra, en ce cas, en référer au procureur de
la République ; mais, si ce magistrat estime que la réclamation n'est pas
fondée, il est évident que sa décision ne saurait être souveraine et que
l'intéressé aura toujours le droit de soumettre la question aux tribunaux.

Mais quel sera le tribunal compétent ? Quelle procédure faudra-t-il
suivre ? La loi ne le dit pas.

Il est évident qu'on ne peut appliquer par analogie les règles tracées
par l'article 11 de la loi pour la rectification des bulletins n° 1 ; il n'y
a en effet aucune analogie entre ces deux cas.

A notre avis, il faudra appliquer, à défaut de textes spéciaux, les
règles générales. Le tribunal civil du lieu d'origine nous paraît, dès lors,
seul compétent pour statuer sur cette question, puisqu'il a la plénitude
de juridiction, et qu'il connaît de toutes les affaires, sauf de celles qu'un
texte spécial a attribuées à d'autres juges.

L'article 472 du Code de procédure civile dispose, il est vrai, que
les questions relatives à l'exécution d'un jugement doivent être soumises à la juridiction qui l'a rendu. Mais, dans l'espèce, il s'agit, non
plus de l'exécution du jugement, mais de la rédaction d'un acte entièrement distinct, du bulletin n° 3. Il y a lieu non pas d'interpréter un
jugement ou arrêt de condamnation, mais de déterminer la portée des
textes qui régissent le casier judiciaire. Remarquons, au point de vue
de l'étendue d'application de l'article 472, que le tribunal civil est compétent, même pour statuer sur la requête du condamné qui prétend que

la peine d'emprisonnemeut doit prendre fin à une date autre que celle indiquée par l'administration ou le parquet.

- La compétence du tribunal civil, dans notre espèce, ne nous paraît donc pas douteuse. La requête devra être présentée par un avoué, et la procédure et le jugement ne bénéficieront d'aucune dispense de timbre ou d'enregistrement, à moins que l'intéressé n'ait obtenu le bénéfice de l'assistance judiciaire.

ANNEXES

I

Loi du 5 août 1899 sur le casier judiciaire et sur la réhabilitation de droit (1).

ART. 1er — Le greffe de chaque tribunal de première instance reçoit en ce qui concerne les personnes nées dans la circonscription du tribunal et après vérification de leur identité aux registres de l'état civil, des bulletins, dits *bulletins n° 1*, constatant :

1° Les condamnations contradictoires ou par contumace et les condamnations par défaut non frappées d'opposition prononcées, pour crime ou délit, par toute juridiction répressive ;

2° Les décisions prononcées par application de l'article 66 du Code pénal ;

3° Les décisions disciplinaires prononcées par l'autorité judiciaire ou par une autorité administrative, lorsqu'elles entraînent ou édictent des incapacités ;

4° Les jugements déclaratifs de faillite ou de liquidation judiciaire ;

5° Les arrêtés d'expulsion pris contre les étrangers.

ART. 2. — Il est fait mention sur les bulletins n° 1 des grâces, commutations ou réductions de peines, des décisions qui suspendent l'exécution d'une première condamnation, des arrêtés de mise en libération conditionnelle et de révocation, des réhabilitations et des jugements relevant de la rélégation, conformément à l'article 16 de la loi du 27 mai 1885, et des décisions qui rapportent les arrêtés d'expulsion, ainsi que de la date de l'expiration de la peine et du payement de l'amende.

Sont retirés du casier judiciaire : les bulletins n° 1 relatifs à des condamnations effacées par une amnistie, ou réformées en conformité d'une décision de rectification du casier judiciaire.

ART. 3. — Le casier judiciaire central, institué au Ministère de la Justice, reçoit les bulletins n° 1 concernant les personnes nées à l'étranger, dans les colonies, ou dont l'acte de naissance n'est pas retrouvé.

(1) Loi adoptée par le Sénat les 9 décembre 1898 et 7 mars 1899 et par la Chambre des députés le 3 juillet 1899. — Publiée dans le *Journal officiel* du 7 août 1899.

Art. 4. — Le relevé intégral des bulletins n° 1 applicables à la même personne est porté sur un bulletin appelé *bulletin n° 2.*

Il est délivré aux magistrats du parquet et de l'instruction, aux autorités militaires et maritimes pour les appelés des classes et de l'inscription maritime, ainsi que pour les jeunes gens qui demandent à contracter un engagement.

Il l'est également aux administrations publiques de l'État, saisies de demandes d'emplois publics, ou en vue de poursuites disciplinaires ou de l'ouverture d'une école privée, conformément à la loi du 30 octobre 1886.

Les bulletins n° 2 réclamés par les administrations publiques de l'Etat, pour l'exercice des droits politiques, ne comprennent que les décisions entraînant des incapacités prévues par les lois relatives à l'exercice des droits politiques.

Lorsqu'il n'existe pas de bulletins n° 1 au casier judiciaire, le bulletin n° 2 porte la mention : *Néant.*

Art. 5. — En cas de condamnation, faillite, liquidation judiciaire ou destitution d'un office ministériel prononcée contre un individu soumis à l'obligation du service militaire ou maritime, il en est donné connaissance aux autorités militaire ou maritime par l'envoi d'un duplicata du bullelin n° 1.

Un duplicata de chaque bulletin n° 1, constatant une décision entraînant la privation des droits électoraux, est adressé à l'autorité administrative du domicile de tout Français ou de tout étranger naturalisé.

Art. 6. — Un *bulletin n°* 3 peut être réclamé par la personne qu'il concerne. Il ne doit, dans aucun cas, être délivré à un tiers.

Art. 7. — Ne sont pas inscrites au bulletin n° 3 :

1° Les décisions prononcées par application de l'article 66 du Code pénal ;

2° Les condamnations effacées par la réhabilitation ou par l'application de l'article 4 de la loi du 26 mars 1891, sur l'atténuation et l'aggravation des peines ;

3° Les condamnations prononcées en pays étranger pour des faits non prévus par les lois pénales françaises ;

4° Les condamnations pour délits prévus par les lois sur la presse, à l'exception de celles qui ont été prononcées pour diffamation ou pour outrages aux bonnes mœurs, ou en vertu des articles 23, 24 et 25 de a loi du 29 juillet 1881 ;

5° Une première condamnation à un emprisonnement de trois mois ou de moins de trois mois prononcée par application des articles 67, 68 et 69 du Code pénal ;

6° La condamnation avec sursis à un mois ou moins d'un mois d'emprisonnement, avec ou sans amende ;

7° Les déclarations de faillite, si le failli a été déclaré excusable par le tribunal ou a obtenu un concordat homologué, et les déclarations de liquidation judiciaire.

Art. 8. — Cessent d'être inscrites au bulletin n° 3 délivré au simple particulier :

1° Un an après l'expiration de la peine corporelle, ou le payement de l'amende, la condamnation unique à moins de six jours de prison ou à une amende ne dépassant pas vingt-cinq francs, ou à ces deux peines réunies, sauf le cas où ces condamnations entraîneraient une incapacité civile ou politique ;

2° Cinq ans après l'expiration de la peine corporelle ou le payement de l'amende, la condamnation unique à six mois ou moins de six mois de prison ou à une amende, ainsi qu'à ces deux peines réunies ;

3° Dix ans après l'expiration de la peine, la condamnation unique à une peine de deux ans ou moins de deux ans ou les condamnations multiples dont l'ensemble ne dépasse pas un an ;

4° Quinze ans après l'expiration de la peine, la condamnation unique supérieure à deux ans de prison,

Le tout sans qu'il soit dérogé à l'article 4 de la loi du 26 mars 1891, sur l'atténuation et l'aggravation des peines.

Dans le cas où une peine corporelle et celle de l'amende auront été prononcées cumulativement, les différents délais prescrits par le présent article commenceront à courir à partir du jour où ces deux peines auront été complètement exécutées.

La remise totale ou partielle, par voie de grâce, de l'une ou de l'autre de ces peines équivaudra à leur exécution totale ou partielle.

L'exécution de la contrainte par corps équivaudra au payement de l'amende.

Art. 9. — En cas de condamnation ultérieure pour crime ou délit à une peine autre que l'amende, le bulletin n° 3 reproduit intégralement les bulletins n° 1, à l'exception des cas prévus par les paragraphes 1, 2, 3, 4 de l'article 7.

Art. 10. — Lorsqu'il se sera écoulé dix ans, dans le cas prévu par l'article 8, 1° et 2°, sans que le condamné ait subi de nouvelles condamnations à une peine autre que l'amende, la réhabilitation lui sera acquise de plein droit.

Le délai sera de quinze ans dans le cas prévu par l'article 8, § 3°, et de vingt ans dans le cas prévu par l'article 8, § 4°.

En cas de contestation sur la réhabilitation, le demandeur pourra s'adresser au tribunal du lieu de son domicile, dans les formes et suivant la procédure prescrites à l'article 14. Le jugement rendu sera susceptible d'appel et de pourvoi en cassation.

Art. 11. — Quiconque, en prenant le nom d'un tiers, aura déterminé l'inscription au casier de ce tiers d'une condamnation, sera puni de six mois à cinq ans d'emprisonnement, sans préjudice des poursuites à exercer pour le crime de faux, s'il y échet.

Sera puni de la même peine celui qui, par des fausses déclarations relatives à l'état civil d'un inculpé, aura sciemment été la cause de l'inscription d'une condamnation sur le casier judiciaire d'un autre que cet inculpé.

Quiconque, en prenant un faux nom ou une fausse qualité, se fera délivrer le bulletin n° 3 d'un tiers sera puni d'un mois à un an d'emprisonnement.

L'article 463 du Code pénal sera dans tous les cas applicable.

ART. 12. — L'étranger n'aura droit aux dispenses d'inscription sur le bulletin n° 2 que si, dans son pays d'origine, une loi ou un traité réserve aux condamnés français des avantages analogues.

ART. 13. — Un règlement d'administration publique déterminera les mesures nécessaires à l'exécution de la présente loi et, notamment, les conditions dans lesquelles doivent être demandés, établis et délivrés les bulletins n°s 2, 3, les droits alloués au greffier, ainsi que les conditions d'application de la présente loi aux colonies et aux pays de protectorat.

ART. 14. — Celui qui voudra faire rectifier une mention portée à son casier judiciaire présentera requête au président du Tribunal ou de la Cour qui aura rendu la décision.

Le président communiquera la requête au ministère public et commettra un juge pour faire le rapport.

Le Tribunal ou la Cour statuera en audience publique, sur le rapport du juge et les conclusions du ministère public.

Le Tribunal ou la Cour pourra ordonner d'assigner la personne objet de la condamnation.

Dans le cas où la requête est rejetée, le requérant sera condamné aux frais.

Si la requête est admise, les frais seront supportés par celui qui aura été la cause de l'inscription reconnue erronée, s'il a été appelé dans l'instance.

Le ministère public aura le droit d'agir d'office dans la même forme en rectification de casier judiciaire.

Mention de la décision rendue sera faite en marge du jugement ou de l'arrêt visé par la demande en rectification.

Ces actes, jugements et arrêts seront dispensés de timbre et enregistrés gratis.

II

MINISTÈRE
DE LA JUSTICE

DIRECTION DES
AFFAIRES CRIMINELLES
ET DES GRACES
—
3ᵉ Bureau.

Casier judiciaire.
—
Rappeler ce numéro
en marge de la réponse.

Paris, le 29 juillet 1899.

Monsieur le Procureur général,

Le *Journal officiel* publiera prochainement la loi récemment votée par le Parlement sur le casier judiciaire et sur la réhabilitation de droit.

L'article 13 de cette loi porte qu'un règlement d'administration publique déterminera les mesures nécessaires à son exécution, et, pour me conformer à ce texte, j'ai déjà soumis au Conseil d'État un projet de décret.

Toutefois, il ne paraît pas possible que ce règlement puisse être publié en même temps que la loi ; il est vraisemblable que sa préparation ne sera pas terminée avant le mois de novembre prochain.

Dans ces conditions, il est indispensable de prendre des mesures provisoires pour assurer, dès sa promulgation, l'exécution de la loi.

Il y aura lieu, à ce point de vue, de suivre toutes les règles actuellement en vigueur, en tant qu'elles ne sont pas contraires aux prescriptions nouvelles. C'est ainsi que le coût des bulletins nᵒ 1, et de leurs duplicata, et des bulletins nᵒ 2 sera réglé conformément aux tarifs en vigueur. Le prix des bulletins nᵒ 3 sera celui des anciens bulletins nᵒ 2 délivrés aux particuliers.

En ce qui touche les mentions qui doivent être portées sur le bulletin nᵒ 1 et les condamnations qui doivent seules figurer sur le bulletin nᵒ 3, je ne puis que vous laisser le soin de vous reporter au texte de la loi.

Je me suis d'ailleurs adressé à ceux de mes collègues qui doivent concourir à l'exécution de la loi, pour les prier d'inviter les fonctionnaires ou agents compétents dépendant de leurs départements à faire parvenir aux Parquets des tribunaux de 1ʳᵉ instance toutes les indications nécessaires à l'inscription, sur le bulletin nᵒ 1, des mentions prescrites par la loi.

Dans cet ordre d'idées, vous n'oublierez pas, d'ailleurs, que certains

Monsieur le Procureur général à

de ces renseignements doivent être transmis par les greffiers des tribunaux de commerce.

La forme et la dimension des bulletins seront réglées par le décret en préparation. Il y a lieu, en attendant, d'utiliser les bulletins déjà en usage, en substituant la mention n° 3 à la mention n° 2 sur les extraits délivrés aux particuliers.

Je vous prie de m'adresser dans la première quinzaine du mois d'octobre, au plus tard, un rapport contenant, avec votre avis, des renseignements précis sur l'application de la loi dans votre ressort. Je me réserve de transmettre ces rapports au Conseil d'Etat qui y puisera d'utiles éléments d'appréciation.

Vous voudrez bien faire parvenir à chacun de vos substituts deux exemplaires de cette circulaire. Un de ces exemplaires est destiné au greffier du tribunal.

Recevez, Monsieur le Procureur général, l'assurance de ma considération très distinguée.

Le Garde des Sceaux, Ministre de la Justice,
MONIS.

Par le Garde des Sceaux,
Ministre de la Justice :
    Le Conseiller d'État,
Directeur des Affaires civiles et du Sceau,
    L. LA BORDE.

III

TRAVAUX PRÉPARATOIRES.

A. — Sénat, session ordinaire de 1898.

SÉANCE DU VENDREDI 8 JUILLET 1898.

1re Délibération sur le projet de loi sur le casier judiciaire.

M. le président. L'ordre du jour appelle la 1re délibération sur le projet de loi sur le casier judiciaire.

Avant d'ouvrir la discussion, je dois donner connaissance au Sénat du décret suivant :

« Le Président de la République française,

« Sur la proposition du Garde des Sceaux, ministre de la justice et des cultes,

« Vu l'article 6, § 2, de la loi constitutionnelle du 16 juillet 1875, sur les rapports des pouvoirs publics, qui dispose que les ministres peuvent se faire assister, devant les deux Chambres, par des commissaires désignés pour la discussion d'un projet de loi déterminé ;

« Décrète :

« ART. 1er. — M. Couturier, directeur des affaires criminelles et des grâces au ministère de la justice et des cultes, est désigné, en qualité de commissaire du Gouvernement, pour assister le Garde des Sceaux, ministre de la justice et des cultes, au Sénat et à la Chambre des députés, dans la discussion du projet de loi concernant les casiers judiciaires.

« ART. 2. — Le Garde des Sceaux, ministre de la justice et des cultes, est chargé de l'exécution du présent décret.

« Fait à Paris, le 2 juillet 1898.

« FÉLIX FAURE.

« Par le Président de la République :
« *Le Garde des Sceaux,*
Ministre de la justice et des cultes,
« F. SARRIEN. »

La parole est à M. le rapporteur.

M. Jules Godin, *rapporteur.* Messieurs, au moment où commence la discussion du projet de loi sur le casier judiciaire, à raison de l'ancienneté même du projet et des vicissitudes diverses qu'il a subies, je crois qu'il est de mon devoir de donner au Sénat quelques explications.

La création du casier judiciaire, vous le savez, date de 1850. C'est en vertu de circulaires ministérielles que cette institution a été créée. Auparavant, nous étions sous l'empire des articles 600 et suivants du Code d'instruction criminelle, qui avaient centralisé le relevé des condamnations judiciaires au ministère de la justice. En vertu de ces articles, toutes les fois qu'un tribunal avait prononcé une condamnation, il était tenu d'envoyer un extrait de cette condamnation au ministère de la justice. Mais il est facile de comprendre qu'au bout d'un certain nombre d'années, l'accumulation de toutes ces notices devait les rendre inutilisables.

Cette centralisation n'avait qu'un but : permettre au ministère de connaître les condamnations et relever les cas de récidive, quand ils se produisaient. Au bout d'un certain nombre d'années, je le répète, il était absolument impossible de se retrouver dans le dédale des notices envoyées, et, en réalité, l'institution créée par les articles 600 et suivants du Code d'instruction criminelle ne fonctionnait plus.

En 1848, quand on se trouva en face du suffrage universel et d'un jury organisé sur des bases nouvelles, la nécessité s'imposait de connaître les condamnations que pouvait avoir subies un individu.

En effet, il y a un grand nombre de condamnations qui entraînent la déchéance de la qualité de citoyen, et, pour ce qui est du jury, comme tout le monde pouvait être appelé à en faire partie, il était indispensable de savoir si ceux qu'on appelait à participer à la justice ne se trouvaient pas frappés d'une déchéance qui aurait entraîné la nullité des condamnations prononcées.

Dans ces conditions, ce service devait être réorganisé de manière à permettre de retrouver les condamnations prononcées.

C'est alors que, sur la proposition de différents magistrats, on décida d'établir un système de décentralisation qui permit de retrouver les condamnations prononcées contre tel ou tel individu. On chercha quel était le meilleur système de décentralisation, et on trouva que le plus simple, le plus pratique, c'était de prendre pour base le lieu de naissance de la personne.

En vertu des ordonnances de 1850, lorsqu'une condamnation est prononcée contre un individu, le greffier du tribunal qui prononce la condamnation doit envoyer, au greffe du tribunal du lieu de naissance de la personne condamnée, un extrait de la condamnation.

C'est ainsi qu'a pris naissance l'institution du casier judiciaire. C'est, on le voit, la centralisation, à chacun des greffes des tribunaux de première instance de France, de tous les extraits des condamnations encourues par les personnes nées dans l'arrondissement du tribunal.

Pour les personnes qui sont nées hors de France, on a maintenu le système du Code d'instruction criminelle.

Quand une condamnation est prononcée soit contre un étranger, soit contre un Français né hors de France, l'extrait de la condamnation est envoyé au ministère de la justice qui, en réalité, fait, dans ce cas, fonction de greffe central pour toutes les condamnations.

Cette institution a fonctionné et a rendu les plus grands services. A l'origine, en vertu des circulaires de 1850, tout le monde avait le droit de se faire délivrer l'extrait du casier judiciaire d'une personne quelconque. A ce moment, on avait considéré que le casier judiciaire constituait en quelque sorte un complément de l'état civil d'un individu, et il suffisait de s'adresser au procureur de la République du greffe du tribunal du lieu de naissance pour obtenir un extrait d'un casier judiciaire.

Cet état de choses a duré depuis 1850 jusqu'en 1876. Mais il a donné lieu à bien des critiques et a soulevé bien des protestations.

Il est arrivé que des individus voulant se livrer à un chantage se faisaient délivrer un extrait des condamnations prononcées contre une personne, allaient trouver cette personne et la menaçaient de divulguer ses condamnations. Dans ces conditions, l'institution du casier judiciaire devait soulever des protestations.

Aussi, en 1876, M. Dufaure, alors Garde des Sceaux, a édicté dans deux circulaires successives, du 14 août et du 6 décembre 1876, des prescriptions très nettes pour interdire dorénavant que les extraits du casier judiciaire pussent être délivrés à d'autres qu'à la justice, aux administrations publiques ou à la personne intéressée.

Voici en quels termes M. Dufaure s'exprimait dans sa circulaire du 14 août 1876 :

« Puisque je touche à l'un des devoirs imposés aux greffiers, je saisis cette occasion pour vous prier de leur faire savoir qu'il leur est formellement interdit de délivrer à des tiers des bulletins n° 2 du casier judiciaire. L'institution du casier a pour but de renseigner la justice criminelle sur les antécédents des inculpés. Ce serait en altérer le caractère que de la faire servir à donner satisfaction à des vues intéressées. »

Donc, depuis 1876, il n'a plus été délivré d'extrait du casier judiciaire qu'à la justice, aux administrations publiques ou à la personne que le casier intéresse directement.

Pour le simple particulier, la délivrance se faisait intégralement, c'est-à-dire que toutes les fois qu'une personne demandait un extrait de son casier judiciaire, on lui délivrait le relevé complet et on portait sur le bulletin qui lui est remis toutes les condamnations soit à une peine correctionnelle, soit même à une peine de simple police pour délits qui étaient inscrites au casier.

Cet état de choses a soulevé certaines critiques, et à propos de la discussion de la loi sur l'atténuation des peines, on a demandé au Sénat s'il était admissible qu'une personne qui se trouvait avoir été condamnée, même à une peine minime, pour un fait ne touchant en rien à la moralité, quand elle demandait l'extrait de son casier judiciaire, vît toujours figurer cette condamnation, que les tiers n'avaient cependant aucun intérêt à connaître.

De plus, on a fait remarquer qu'il y avait dans cette inscription au casier judiciaire une sorte de pénalité nouvelle, un accessoire de pénalité, et que cette pénalité durait, en réalité, autant que la vie même du condamné. On a fait remarquer que dix ans, quinze ans, vingt ans même après avoir subi une peine, un individu qui demandait un extrait de son casier judiciaire, voyait toujours figurer cette pénalité dans l'extrait. Aussi divers orateurs ont-ils insisté très vivement à la tribune du Sénat, pour que le Gouvernement voulût bien examiner s'il n'y aurait pas lieu d'apporter à cet état de choses certaines modifications.

Une commission extra-parlementaire a été nommée. Elle a discuté très longuement un projet et a abouti à une proposition qui est à peu de chose près le projet qui vous est actuellement soumis.

Ce projet date de loin. Il a été déposé sur le bureau du Sénat en 1891 ; vous voyez qu'il n'est pas d'hier. Il s'est trouvé, en effet, subir de nombreuses vicissitudes. Certains des Gardes des Sceaux qui se sont succédé au ministère de la justice, éprouvaient une certaine défiance à l'égard des dispositions du projet. Ils ont voulu demander au Conseil d'Etat quel était son avis. La consultation du Conseil d'Etat a pris du temps et nous n'avons été saisis de ses délibérations qu'il y a un an ou dix-huit mois.

D'autres ministres ont émis l'avis — et ils n'avaient peut-être pas tort — qu'en cette matière tout ayant été réglé par voie de circulaires ministérielles, l'on pouvait bien rectifier par de nouvelles circulaires ce que les circulaires précédentes avaient réglé ; ils ont fait observer d'ailleurs qu'il serait beaucoup plus facile, en agissant ainsi, de modifier ce qu'il pouvait y avoir de mauvais dans les propositions nouvelles qu'on adopterait.

En un mot, nous nous sommes trouvés en face d'opinions différentes, si bien que nous n'avons pas pu arriver plus tôt à mettre le projet en état d'être discuté devant le Sénat. Je dois même reconnaître que c'est à peine s'il l'est aujourd'hui, car M. le Garde des Sceaux n'est pas à son banc, et je sais qu'il n'a pas encore eu le temps d'examiner personnellement, d'une manière sérieuse, le projet qui vous est actuellement soumis.

M. Couturier, *commissaire du Gouvernement.* Je représente M. le Garde des Sceaux, et je suis d'accord avec lui.

M. le président. M. le Garde des Sceaux était tout à l'heure à son banc, mais comme la discussion des précédents projets portés à l'ordre du jour se prolongeait, c'est le président qui lui a dit qu'il n'était pas vraisemblable que la discussion s'engageât sur le projet de loi relatif au casier judiciaire.

M. le commissaire du Gouvernement. Dans tous les cas, je suis à la disposition du Sénat pour continuer la discussion.

Plusieurs sénateurs à gauche. A lundi !

M. le rapporteur. Je tiens à constater que nous sommes en présence d'amendements présentés par l'honorable M. Bérenger, et que nous n'avons pas pu entendre le Garde des Sceaux dans la commission soit sur le projet lui-même, soit sur ces amendements. Telle est la situation dans laquelle nous nous trouvons.

Un sénateur à droite. Demandez l'ajournement !

M. le rapporteur. Je n'ai pas voulu demander l'ajournement, M. Bérenger ayant très vivement insisté pour que la discussion commençât aujourd'hui. Je suis donc à la disposition du Sénat, mais s'il veut renvoyer la discussion à lundi, je n'y fais pas, en ce qui me concerne, la moindre opposition.

M. Bérenger. Monsieur le président, je crois qu'il n'y aurait pas d'inconvénient à ce que M. le rapporteur continuât son exposé qui, sans doute, est déjà très avancé. On pourrait ensuite renvoyer la discussion des différents articles du projet à une séance ultérieure. Il serait, je crois, fâcheux d'interrompre un discours commencé...

M. Edouard Millaud. Et un discours très intéressant.

M. le président. Je fais observer au Sénat que, d'accord avec M. le ministre de la guerre, il a décidé que la discussion du projet de loi sur l'espionnage figurerait en tête de l'ordre du jour de lundi. Par conséquent, il est peu probable que le projet actuellement en discussion puisse venir utilement lundi prochain.

La parole est à M. le rapporteur.

M. le rapporteur. Messieurs, je vous demande, dans tous les cas, la permission de terminer les quelques observations qu'il me reste à vous présenter et qui me paraissent nécessaires à raison de l'ancienneté réelle de ce projet. (*Parlez ! parlez !*)

Devant la commission extraparlementaire trois systèmes ont été soutenus. Le premier a été celui-ci : le casier judiciaire est une institution qui est uniquement destinée à renseigner les magistrats sur les antécédents des accusés ; par conséquent, sa communication doit être absolument restreinte aux magistrats. On doit le leur communiquer à l'exclusion de toute autre personne, même des intéressés.

Le deuxième système qui a été soutenu, consiste dans le maintien du *statu quo*. A l'heure actuelle, en vertu des circulaires de M. Dufaure, les magistrats, comme les simples particuliers, ont le droit de demander l'extrait du casier judiciaire.

On a soutenu, à l'appui de ce système, qu'étant donnés les usages répandus, étant données les demandes si nombreuses d'extraits de casiers judiciaires qui se produisent, étant données les habitudes de presque tous ceux qui cherchent un emploi, de se munir d'un extrait de leur casier judiciaire, il était impossible de venir brusquement, brutalement leur dire : nous vous fermons la porte, nous ne délivrons plus d'extraits de casiers judiciaires.

Notez, messieurs, que le nombre des délivrances d'extraits du casier judiciaire va en augmentant tous les ans, dans des proportions considérables.

J'ai indiqué, dans mon rapport, les chiffres des années 1892, 1893 et 1894 ; je n'ai pas ceux de 1895 et de 1896 ; mais je sais que, tous les ans, il y a une augmentation sur le chiffre des années précédentes.

On peut dire que l'emploi du casier judiciaire est absolument entré dans les mœurs, que chacun de ceux qui cherchent des emplois tiennent à avoir la preuve qu'ils n'ont pas subi de condamnation. Aussi, venir dire aujourd'hui : Nous ne délivrerons plus d'extraits de casier judiciaire, c'est se heurter à une habitude prise et je ne crois pas que ce système puisse être accepté.

C'est alors que la commission extraparlementaire a adopté une combinaison mixte. Elle a dit, dans le projet qui vous est soumis, qu'il y aurait deux sortes d'extraits du casier judiciaire. Pour les magistrats et les administrations publiques, le bulletin comprendrait toutes les condamnations prononcées. Lorsque les magistrats demandent l'extrait du casier judiciaire d'une personne qui est traduite devant la justice, le procureur de la République ordonne la délivrance de ce qu'on a appelé le bulletin n° 2, c'est-à-dire d'un extrait inscrivant toutes les condamnations qui peuvent se trouver au casier. Pour les administrations publiques, la situation est la même : on leur donne un bulletin portant toutes les mentions.

Au contraire, d'après le projet qui vous est soumis, pour les simples particuliers qui demandent l'extrait de leur casier, on a proposé — et, c'est là la part délicate du projet, je tiens à le constater — de distinguer entre les condamnations. Pour donner satisfaction aux réclamations formulées, on est parti de ce principe qu'il fallait supprimer les condamnations minimes sur les bulletins délivrés aux simples particuliers.

Vous trouverez dans le projet un certain nombre de dispositions dans ce sens que le Sénat aura à examiner.

On a décidé aussi qu'au bout d'un certain nombre d'années — nombre qui est à fixer, je ne sais encore quel est exactement le système que le Gouvernement défendra devant vous — il y a en quelque sorte prescription de l'inscription au casier ; que lorsqu'un certain nombre d'années se sont écoulées depuis la condamnation, dix ou quinze ans, par exemple, on ne mentionnera plus la condamnation encourue sur l'extrait du casier délivré au simple particulier.

Voilà ce que décide le projet que le Gouvernement a présenté. Je reconnais que la détermination des limites à observer est très délicate.

Le Sénat aura encore à examiner ces différentes dispositions du projet dans le détail desquelles je n'entre pas en ce moment.

Vous voyez, Messieurs, que la question présente certaines difficultés. Je ne veux pas insister davantage.

Nous nous sommes, au dernier moment, je le répète, trouvés en face d'amendements de M. Bérenger. Notre honorable collègue nous a demandé de vouloir bien étendre considérablement le cercle des suppressions qui étaient déjà contenues dans les articles relatifs au bulletin n° 3.

Nous n'avons pas été d'accord avec lui.

Il est même allé plus loin. A propos du casier judiciaire, il nous a demandé de trancher une question qui n'a guère de rapports avec cette institution. Je veux parler de la réhabilitation. M. Bérenger nous a demandé, par un amendement spécial, de décider que la réhabilitation serait de droit au bout d'un certain nombre d'années. Quel que soit l'intérêt qu'il attache à adopter ce principe, nous avons répondu à M. Bérenger : *Non est hic locus* ; ce n'est pas ici la place ; ce n'est pas dans un projet de loi sur le casier judiciaire que nous devons insérer un article sur la réhabilitation. La loi sur la réhabilitation existe ; ce sont les articles du Code d'instruction criminelle qui en règlent les dispositions. Si M. Bérenger veut déposer une proposition de loi, le Sénat l'examinera ; mais nous, commission du casier judiciaire, nous n'avons pas qualité pour traiter cette question, et nous croyons que le Sénat fera sagement en l'écartant. (*Marques d'approbation.*)

Tels sont, Messieurs, les principes généraux de ce projet sur le casier judiciaire. Il présente certaines difficultés, comme je le disais ; la mesure exacte à laquelle il faut s'arrêter manque de précision. Il demande donc à être examiné avec attention.

J'espère qu'avant que nous abordions la discussion des articles, nous pourrons avoir une entrevue avec M. le Garde des Sceaux et que nous pourrons arriver à donner satisfaction aux légitimes observations qui ont été soumises au Sénat.

C'est dans ces conditions, Messieurs, que se présente le projet. Mais à raison de l'absence de M. le Garde des Sceaux, et si le Sénat le veut bien, je crois qu'il serait préférable de renvoyer la discussion à une prochaine séance. (*Très bien ! Très bien ! sur un grand nombre de bancs.*)

M. le président. Le Sénat est-il d'avis d'ajourner la suite de la discussion ? (*Oui ! oui !*)

M. Bérenger. Il faudrait la placer après la délibération sur la loi relative à l'espionnage. (*Très bien !*)

M. le président. Nous allons fixer l'ordre du jour.

SÉANCE DU JEUDI 8 DÉCEMBRE 1898.

Suite de la 1re délibération sur le projet de loi sur le casier judiciaire.

M. le président. L'ordre du jour appelle la suite de la 1re délibération sur le projet de loi sur le casier judiciaire.

Avant d'aborder la suite de la discussion, je dois donner connaissance au Sénat d'un décret de M. le Président de la République désignant un commissaire du Gouvernement.

« Le Président de la République française,

« Sur la proposition du Garde des Sceaux, ministre de la justice et des cultes,

« Vu l'article 6, § 2, de la loi constitutionnelle du 16 juillet 1875, sur les rapports des pouvoirs publics, qui dispose que les ministres peuvent se faire assister, devant les deux Chambres, par des commissaires désignés pour la discussion d'un projet de loi déterminé,

« Décrète :

« ART. 1er. — M. Petitier, directeur des affaires criminelles et des grâces au ministère de la justice et des cultes, est désigné, en qualité de commissaire du Gouvernement, pour assister le Garde des Sceaux, ministre de la justice et des cultes, dans la discussion, au Sénat, du projet de loi sur le casier judiciaire.

« ART. 2. — Le Garde des Sceaux, ministre de la justice et des cultes, est chargé de l'exécution du présent décret.

« Fait à Paris, le 23 octobre 1898.

« FÉLIX FAURE.

« *Le Garde des Sceaux,*
Ministre de la justice et des cultes,
« F. SARRIEN. »

La parole est à M. le rapporteur.

M. Jules Godin, *rapporteur.* Messieurs, nous reprenons aujourd'hui, après un certain nombre de mois, la discussion de la proposition sur le casier judiciaire. Si le Sénat se le rappelle, dès le commencement de la 1re délibération, je lui avais indiqué quelles étaient les conditions générales dans lesquelles se présentait ce projet.

Depuis cette époque, nous avons entendu M. le Garde des Sceaux, qui a demandé qu'un certain nombre de modifications fussent faites au projet présenté par ses prédécesseurs ; ce sont ces modifications que je demande au Sénat la permission de lui indiquer.

Le Sénat sait qu'il s'agit d'organiser législativement une institution qui date de 1850 et qui a été créée à cette époque par des circulaires ministérielles. Le but de cette institution est d'établir, dans chaque tribunal pris comme centre, les casiers afférents à toutes les personnes qui sont nées dans sa circonscription.

L'article 1er de la loi a pour but d'indiquer quelles sont les décisions judiciaires dont l'extrait doit être envoyé au tribunal du lieu de naissance de la personne condamnée. Cet article contient une série de paragraphes et, parmi eux, s'en trouvait un contenant l'indication des déchéances de la puissance paternelle.

Les Gardes des Sceaux qui avaient précédé M. le Garde des Sceaux actuel, le Conseil d'Etat même, avaient estimé que, les déchéances de la puissance paternelle étant prononcées à raison de circonstances très graves, il y avait lieu d'en conserver la mention et, par suite, d'envoyer l'extrait au lieu de naissance de la personne dont la déchéance a été prononcée.

M. le Garde des Sceaux estime aujourd'hui que, la déchéance de la puissance paternelle n'étant pas une condamnation, il y a lieu de la supprimer de l'énumération de l'article 1er.

M. le Garde des Sceaux nous a demandé également de supprimer l'article 3 du projet primitif, qui avait pour but de mentionner sur le bulletin n° 1, qui est envoyé au greffe du tribunal, le signalement anthropométrique de la personne condamnée.

Il a estimé que c'était là une mesure d'ordre administratif qui compliquerait singulièrement le bulletin n° 1, et qu'il valait mieux supprimer, au moins à titre de disposition législative, l'article inséré dans la loi.

Mais les deux modifications principales que M. le Garde des Sceaux soutient et soutiendra devant le Sénat sont relatives au bulletin n° 3.

M. le Garde des Sceaux estime que le bulletin n° 3, tel qu'il est établi par le projet, est quelque chose d'hybride, de peu compréhensible. Il pense qu'il peut donner lieu à de très vives critiques et qu'il vaut mieux le supprimer. Il estime que le bulletin à délivrer aux simples particuliers doit être en réalité, et sauf quelques exceptions, le bulletin ordinaire délivré aux administrations publiques et à la justice ; dans ces conditions, il a demandé à la commission la suppression de l'article 7 de la loi, relatif à la création de ce bulletin.

M. le Garde des Sceaux, d'autre part, admet le principe de la prescription du casier judiciaire. Il pense qu'au bout d'un certain nombre d'années, les condamnations prononcées contre une personne quelconque doivent être considérées, au point de vue du casier, comme prescrites et, comme telles, rayées des casiers délivrés aux simples particuliers.

Il y a pour l'application de cette disposition des conditions que nous examinerons lorsque l'article viendra en discussion ; j'indique seulement, d'une manière générale, le principe d'où part M. le Garde des Sceaux.

M. le Garde des Sceaux a admis enfin une autre disposition, soute-

nue devant la commission par l'honorable M. Bérenger : c'est la réhabilitation de droit. Ce principe est le suivant : après un certain nombre
d'années, lorsqu'il n'est pas intervenu une nouvelle condamnation, la
personne condamnée a acquis un véritable droit à être considérée
comme n'ayant jamais été condamnée. Par suite, il a demandé l'insertion, dans la loi, d'un article : c'est l'article 10. Nous examinerons, au
moment où il viendra en discussion, dans quelles conditions cette
réhabilitation doit être acceptée.

Tels sont, Messieurs, les principes que M. le Garde des Sceaux a
posés devant la commission et qui ont été introduits dans le texte nouveau proposé au Sénat .

M. Bérenger, d'autre part, a déposé deux amendements qui vien-
dront en discussion, sur les articles 9 et 10, et où il demande d'étendre
encore les principes qui y sont posés.

Telles sont, Messieurs, les modifications qui ont été apportées au
texte primitif contenu dans le rapport que j'avais déposé. La commission m'avait chargé de vous en donner l'indication. Nous verrons, au
fur et à mesure de la discussion, dans quelles conditions ces diverses
dispositions se présentent, et le Sénat aura à opter entre les propositions primitives qui ont été présentées par les prédécesseurs de M. le
Garde des Sceaux et les propositions nouvelles qu'il a l'intention de
soutenir devant nous. (*Très bien ! très bien !*)

M. Bérenger. Je demande la parole.

M. le président. La parole est à M. Bérenger.

M. Bérenger. Messieurs, je considère la question que soulève la
discussion qui recommence aujourd'hui, après une longue interruption,
comme du plus haut intérêt.

J'espère même que, si le Sénat veut bien écouter les dispositions
que je lui apporte, il la considérera, à certains égards, comme absolument poignante.

Il ne s'agit pas, en effet, seulement de donner un caractère légal
qu'elle n'a pas eu jusqu'à présent, à une institution d'une grande utilité, celle du casier judiciaire dont je suis absolument partisan, bien
que j'en demande la réforme.

Il s'agit, en faisant cette réforme, d'améliorer la situation des
malheureux qui, après avoir été à une époque de leur vie justement
condamnés, ont voulu par de longs et pénibles efforts se ressaisir et
trouvent souvent, par l'abus de la publicité donnée au casier judiciaire,
des obstacles toujours très difficiles et souvent insurmontables à la
réalisation de leur bonne intention.

Je suis, je dois le dire, tout à fait partisan, sauf quelques dissenti-
ments de détail, du projet de loi présenté par la commission et peut-
être peut-il paraître étonnant que, dans ces conditions, je n'attende
pas les attaques dont il pourrait être l'objet.

Si je me présente néanmoins à la tribune, c'est que je crains que les
explications, données par l'honorable M. Godin d'une manière si claire
et si complète dans son rapport et dans son discours du 8 juillet, ne
soient plus suffisamment présentes à vos souvenirs, à raison du temps
écoulé et que le Sénat ne soit encore, à l'heure actuelle, assez incom-

plètement informé des considérations sur lesquelles repose la nécessité de la réforme qui lui est proposée.

Son point de départ est, il est bon de le rappeler, le vote de la loi déjà ancienne, contestée d'abord, devenue aujourd'hui, je crois pouvoir le dire, populaire, sur le sursis pénal.

Cette loi, votée en 1891, avait pour objet, comme on le sait, d'accorder à l'individu qui comparaissait pour la première fois devant la justice et méritait, à raison de ses excellents antécédents et de son repentir, un intérêt particulier, le bénéfice du sursis, c'est-à-dire l'exemption même de la peine, au bout d'une épreuve de cinq ans de bonne conduite présumée et la faculté de s'affranchir ainsi de la dure servitude du casier judiciaire.

Ce vote souleva immédiatement des réclamations nombreuses et parfaitement justifiées de la part des condamnés anciens auxquels il n'avait pas été donné de jouir des avantages de la loi. Le rapporteur de la loi avait cru devoir s'en faire l'organe devant le Sénat.

Comment, si on accordait aux nouveaux coupables cette faveur nouvelle de ne point subir la condamnation prononcée, ne rien faire pour les condamnés anciens qui peut-être, si la loi eût alors existé, se fussent présentés devant les magistrats dans des conditions aussi dignes d'intérêt, plus favorables peut-être, qui, dans tous les cas, pendant un temps beaucoup plus long, dix, vingt, trente ans, ont su, par une constante bonne conduite, éviter de nouvelles poursuites?

Faut-il que ceux-là continuent à gémir sous le poids de la honte du casier judiciaire, sans rémission, pendant toute leur vie ?

J'ai sous la main une lettre d'un homme qui, depuis 59 ans écoulés, après une condamnation légère, a donné des preuves d'une conduite irréprochable. Faut-il que cette robe de Nessus pèse sur lui jusqu'à sa mort, tandis qu'il suffit au condamné d'aujourd'hui de cinq ans pour s'en affranchir ? Est-ce juste ?

Le rapporteur, dis-je, exposait ces considérations au Sénat et le Garde des Sceaux d'alors, l'honorable M. Fallières, demeurait d'accord qu'il y avait un acte de justice à accomplir à cet égard et promettait de faire étudier un projet de loi sur le casier judiciaire.

Une commission extraparlementaire fut aussitôt réunie par ses soins. Elle offrait à ceux qui pouvaient craindre des innovations trop hardies, des garanties bien particulières. Elle comprenait, avec quelques membres du Parlement, une majorité importante de magistrats, d'administrateurs et de fonctionnaires du ministère de la justice. La nécessité d'une sérieuse réforme y fut reconnue, et le projet de loi qui vous est soumis aujourd'hui, n'est en réalité que le résultat de ses délibérations.

Déposé l'année suivante au Sénat, il y a été l'objet d'une étude très consciencieuse et sans cesse renouvelée, car depuis sept ans que dure cette étude le personnel ministériel a souvent varié, et la commission a eu maintes fois à remettre son œuvre sur le métier, pour se mettre d'accord avec de nouveaux Gardes des Sceaux.

Cette longue étude aboutit enfin aujourd'hui. Sauf sur quelques détails, le projet a l'appui de M. le Garde des Sceaux et nous touchons enfin à une solution.

Qu'est-ce donc, Messieurs, que ce casier judiciaire et comment se fait-il que son institution, d'une utilité si incontestable, soit arrivée à devenir à ce point abusive que tout le monde sente à l'heure actuelle la nécessité de sa réforme ?

Son origine est bien simple. Il ne faut pas croire qu'avant 1850, date de son établissement, les magistrats n'avaient aucun moyen de connaître les antécédents des condamnés. Ils en avaient un, souvent suffisant, mais parfois aussi d'une sûreté contestable.

C'étaient les notices qui, aux termes de l'article 600 du Code d'instruction criminelle, devaient être dressées par les greffiers des tribunaux de police correctionnelle et des Cours d'assises et centralisées au ministère de la justice et à la préfecture de police où le Parquet en réclamait le relevé lorsqu'un homme comparaissait devant la justice. Mais les recherches étaient rendues difficiles par la grande accumulation.

L'honorable M. Bonneville de Marsangy, dont il est juste de citer le nom respecté quand on parle de cette matière, eut la pensée qu'il y aurait beaucoup plus de sûreté dans ces informations — M. Godin vous l'a déjà dit — si les renseignements étaient centralisés au greffe du tribunal du lieu de naissance des condamnés. C'était, en somme, la simple substitution du dépôt des renseignements judiciaires au greffe du tribunal du lieu de naissance à la centralisation au ministère de la justice et à la préfecture de police, par changement de la méthode administrative.

On ne s'expliqua pas sur le point de savoir quels seraient les caractères de la nouvelle institution à laquelle on donna le nom de casier judiciaire. C'est dire que le casier conserva en fait le caractère qu'avaient les notices qu'il remplaçait.

Or, ce caractère, il n'y a pas de doute à cet égard, était d'être un document uniquement destiné aux magistrats pour les éclairer dans le jugement des affaires.

A l'origine, le casier a donc été absolument secret et les premières circulaires ne lui ont pas donné un autre caractère.

Mais bientôt certaines administrations et certains particuliers à leur suite ont compris le parti qu'elles en pouvaient tirer. On pouvait, avec l'extrait du casier, avoir un renseignement commode sur la situation morale.

On se débarrassait ainsi du souci de faire des enquêtes individuelles, parfois difficiles et longues. On réclama le document et il ne fut pas refusé.

Cette pratique fut suivie par les non-condamnés qui avaient un moyen facile de prouver ainsi leur honnêteté en produisant un casier judiciaire sur lequel était écrit le mot : *néant*. Légitimant cet usage, une circulaire imprudente déclara nettement que toute personne pouvait réclamer le casier judiciaire de qui que ce fût. L'abus ne tarda pas à se produire. Vous comprenez quel usage les indiscrétions, la méchanceté ne tardèrent pas à en faire. Une nouvelle circulaire, due à l'honorable M. Dufaure, prétendit y mettre un terme en déclarant que l'extrait du casier judiciaire ne pourrait plus être délivré en dehors des magistrats, qu'aux seules personnes dénommées dans le bulletin.

On avait cru remédier ainsi aux abus. En réalité, on les confirma. Je passe rapidement, car tout le monde connaît le parti qu'on a su tirer de la nouvelle règle. Rien en réalité ne fut changé. Les administrations publiques ou privées et ensuite les particuliers, les patrons, au lieu de s'adresser directement au greffe du lieu de naissance, se bornent à réclamer de l'individu l'apport de son casier. Le résultat est ainsi le même, car, désormais, il faut le fournir sous peine de ne pas être admis.

Ce n'est point, si l'on veut, la publicité d'autrefois, ce n'est pas une publicité indirecte, mais ses effets sont les mêmes, et ils sont cruels.

Je ne veux vous parler, bien entendu, que des condamnés qui, par des efforts persévérants et énergiques, ont cherché à réagir contre la condamnation dont ils ont été frappés, qui ont cherché à se relever par le travail et la conduite : ce n'est pas pour ceux-là que la loi est faite.

Eh bien ! ceux-là, suivez-les, une fois que, sortis de prison, ils ont à rechercher du travail. Malheur à eux, s'ils n'ont pas une famille qui puisse venir à leur aide ou s'ils n'ont pas quelques ressources personnelles ! Partout où ils se présenteront, on leur dira : « Apportez votre casier judiciaire, ou vous serez repoussé. »

Or, comment dans ces conditions pourraient-ils l'apporter ? C'est l'impossible qu'on leur demande. Ils se retirent donc et vont ailleurs ; mais ailleurs même refus ; et ailleurs encore, même demande et même implacable impossibilité.

Nous sommes en présence, je l'ai dit, d'un homme sans ressources ; il ne peut se subvenir, faute de trouver un travail quelconque. Il faut vivre cependant, peut-être faire vivre les siens. Vous ne pouvez exiger de lui l'héroïsme, d'ailleurs coupable, qu'il s'ôte la vie plutôt que de succomber.

Que fera-t-il ? Hélas ! faute de mieux, il se jettera dans les professions interlopes, dans les occupations inavouées et quelquefois inavouables ; et c'est ainsi qu'un grand nombre — les statistiques criminelles nous l'apprennent et les rapports de l'administration de la justice criminelle ne le cachent pas — se trouvent inévitablement, fatalement rejetés dans la récidive.

Messieurs, assurément, un état de choses qui peut produire de pareils résultats dans une société est funeste ; et, n'y aurait-il que cet aspect de la question, qu'il mériterait toute votre attention.

Mais voici qui est plus grave. Une institution qui arrive à ce résultat de priver un homme, même condamné, des ressources les plus nécessaires et à lui rendre la vie impossible, est assurément une aggravation de peine s'ajoutant à la peine prononcée, une peine accessoire, souvent plus terrible que la condamnation elle-même.

Or cette peine accessoire, aucun tribunal ne l'a prononcée. Elle ne repose même pas sur la loi. Ce sont de simples circulaires qui l'ont instituée et elle est perpétuelle, elle ne cessera qu'avec la vie de l'individu. La peine prononcée n'a été que temporaire, elle peut n'avoir été que d'une simple amende, peu importe ! quelle que soit l'ancienneté de la condamnation, quelle qu'ait été la conduite des condamnés, la tache subsistera toujours et jusqu'à la mort.

C'est la marque, une marque plus cruelle que celle qui se faisait avec le fer rouge sur l'épaule ; car celle-là, au moins, se cachait sous l'habit, tandis que celle dont je parle, il faut la produire, et c'est celui même qui voudrait la cacher qui doit la produire, ou renoncer à tout espoir.

Ceci, Messieurs, est-il juste ? Je ne demande pas si c'est humain, je demande si c'est juste.

Assurément non.

Messieurs, je sais la réponse qu'on fait souvent : il y a la réhabilitation, par laquelle le casier judiciaire est effacé, et qui rend même jusqu'à l'exercice des droits politiques. Pourquoi, me dira-t-on, ceux dont vous parlez ne se sont-ils pas fait réhabiliter ?

Messieurs, la réhabilitation est en effet possible ; elle est quelquefois facile et le Parlement, à plusieurs reprises, s'est occupé de simplifier les conditions. Mais malgré cela, je crois pouvoir le dire, et je suis convaincu qu'un grand nombre d'entre vous le savent par des faits particuliers, la réhabilitation est non seulement difficile, mais même impossible dans un grand nombre de cas.

Sans doute, lorsque le condamné revient, sa peine subie, au pays où on a su sa condamnation, il pourrait sans trop de risques, si la réhabilitation devait être immédiate, chercher à l'obtenir. Mais il faut attendre trois ou cinq ans, selon la gravité du cas, pour réclamer la réhabilitation. C'est une première difficulté. Il est bien dur pour lui en effet, lorsqu'au bout de ce temps, il a fini par s'entourer d'une certaine considération due à sa constante bonne conduite, d'avoir à réveiller des souvenirs peut-être effacés, sinon oubliés ; de s'exposer aux enquêtes qui seront faites, souvent d'une façon peu discrète, et de risquer en outre de voir sa requête rejetée ; car les Cours d'appel sont juges souveraines et beaucoup hésitent.

Mais supposez, et c'est le cas le plus fréquent, qu'après la condamnation, cet individu, honteux d'avoir à en subir l'humiliation dans son pays, l'ait quitté. Il s'en est allé à la ville ; il a été se perdre dans quelque grande cité ; ou bien, au contraire, c'est loin de son pays qu'il a été condamné ; il y est ensuite revenu, et sa condamnation n'y est pas connue. En un mot, il s'est établi dans un lieu où personne ne sait rien. Par une rare bonne fortune, la production de son casier n'a pas été nécessaire. Il a trouvé du travail, il s'est fait, par sa conduite et son esprit d'ordre, estimer de tous. Tout le monde témoignerait en sa faveur.

Quelques années se passent ; arrive le moment où il pourrait réclamer sa réhabilitation ; croyez-vous qu'il le fera ? Peut-il véritablement le faire ? On ignore sa situation. Va-t-il s'exposer à voir tout révéler par une enquête et à perdre le fruit d'une situation si péniblement acquise ?

Messieurs, qui est-ce qui pourrait le lui conseiller ? Il espère d'ailleurs que sa situation se consolidera. Dix ans, quinze ans s'écoulent ainsi. Rien ne surviendra, il s'est tout à fait rassuré et il s'endort dans cette naturelle quiétude que donne la satisfaction d'une situation péniblement acquise.

Mais un événement se produit qui le met dans la nécessité de chercher un autre emploi. La maison qui l'occupait s'est fermée, on a changé de maîtres. Il faut chercher une autre place. On ne se contente plus des certificats. Le livret, dont pour ma part je regrette l'imprudente suppression, n'existe plus. Le Parlement a cru devoir l'abolir. C'est le casier qu'on réclame. Il ne peut pas le produire, et il ne peut pas davantage réclamer la réhabilitation qui l'en affranchirait.

Voici qui est plus douloureux : ce sera souvent la situation même qu'il se sera péniblement acquise qui viendra l'exposer au soupçon. Dans sa commune, il est devenu une sorte de personnage, mais il ne vote pas, il ne le peut pas, ce serait commettre un nouveau délit. On s'en étonne. D'où vient cette indifférence, cette lâcheté ? Il faut qu'il vote !

Quelle excuse donner ? Et cependant peut-il encore, celui-là, confesser son passé en demandant sa réhabilitation ?

Cet autre croit sa faute oubliée. Il y a si longtemps qu'il s'est, en raison de l'estime qu'il a su mériter, pardonné lui-même ! Il se rassure avec cette maxime qui devrait être si vraie mais qui l'est si peu : que lorsqu'on a payé sa dette à la société, on ne lui doit plus rien. Il s'est laissé aller à entrer dans une famille honorable ; il a commis la faute de ne pas faire connaître son passé : il a des enfants. Faudra-t-il qu'il aille se dénoncer ?

Tel autre a été nommé conseiller municipal dans la commune qu'il habite depuis vingt-cinq ans, sans qu'il se soit présenté.

Celui-ci a vécu si honorablement que la commission chargée de composer le jury l'a inscrit d'office sur sa liste. Je pourrais vous lire la lettre désolée qu'il m'a écrite. Il est appelé devant le jury, et là on produit en public le casier judiciaire qui le rend indigne de siéger.

M. le rapporteur. Non, jamais en public !

M. Ponthier de Chamaillard. Ce n'est pas la production du casier judiciaire qui le rend indigne de siéger, c'est la loi elle-même qui l'en rend incapable.

M. Bérenger. C'est vrai, la loi le rendait indigne de siéger, mais c'est le casier qui révèle la situation.

M. Ponthier de Chamaillard. Qui peut la révéler !

M. Bérenger. Vous avez raison, mon cher collègue, et en citant ce dernier exemple, j'avais en vue non pas de montrer un abus du casier judiciaire, mais de justifier celles des propositions de la commission qui tendent à réclamer, après un long temps d'épreuve, la réhabilitation de droit.

Je veux en finir avec ces exemples. Permettez-moi cependant, pour leur donner un indéniable caractère de réalité, de vous lire quelques extraits des lettres adressées depuis peu à une société de patronage. Ils vous mettront en présence de faits réels, vivants, qui vous montreront à la fois la misère et les angoisses créées par l'usage abusif du casier et l'impossibilité si fréquente de la réhabilitation.

« Je viens de lire le futur projet de loi sur le casier judiciaire. Permettez-moi de vous adresser quelques lignes pour vous soumettre la situation dans laquelle je me trouve, par suite d'une condamnation à huit mois de prison que j'ai subie en 1860. Il y a plus de trente ans ; depuis lors j'ai bien souffert de cette malheureuse faute.

« J'appartiens à une honorable famille qui, heureusement, l'ignore ; et depuis ma sortie de prison, c'est-à-dire depuis plus de trente ans, j'ai toujours vécu en honnête homme et j'occupe dans un grand établissement industriel un emploi sérieux.

« Je crois que beaucoup de personnes sont placées dans ma position.

« Ne fera-t-on rien pour elles ? »

9 janvier 1898. — « Vous ne pouvez vous imaginer les souffrances que supporte journellement un homme qui a commis une faute, l'a expiée et veut rester honnête homme.

« Que de malheureux qui sont dans mon cas n'osent demander leur réhabilitation dans la crainte de faire connaître leurs antécédents à ceux qui les ignorent, et souffrent en silence. »

1er juin 1898. — Condamnation à deux mois de prison en 1875, il y a vingt-trois ans.

« Depuis dix-sept ans j'habite le même quartier et pendant la période électorale des amis faisant partie d'un comité se sont étonnés que je ne figurais pas sur la liste des électeurs. Espérant après vingt-trois ans pouvoir facilement régulariser cette situation, je suis allé vendredi dernier au parquet où il m'a fallu devant plusieurs personnes étaler ma honte. On m'a dit qu'il fallait adresser une requête avec tous les détails, que cette requête passerait dans les bureaux de la mairie de mon arrondissement, puis chez le commissaire de police et enfin chez le juge de paix...

« J'ai fait remarquer que la réhabilitation qu'on m'offrait dans ces conditions serait plus déshonorante que le *statu quo*. On n'habite pas un quartier dix-sept ans sans avoir des relations. Je suis justement connu à la mairie... Il est bien dur, quand on a les cheveux blancs, d'avoir à faire des démarches. »

Et le malheureux a renoncé à sa réhabilitation.

Autre lettre semblable, signée : Un vieux greffier. (*Bruit.*)

Messieurs, si le Sénat est fatigué, je n'achèverai pas cette lecture.

Voix nombreuses. Lisez ! lisez ! — C'est très intéressant !

M. Paul Strauss. Ce sont des documents suggestifs.

Plusieurs sénateurs. Tout cela est du plus haut intérêt !

M. Bérenger. « Les formalités pour obtenir la réhabilitation sont atroces, et les gens en ont peur. Enquêtes sur enquêtes faites par des employés subalternes et maladroits auprès de portières malveillantes, puis publication possible de la réhabilitation dans un journal judiciaire. »

24 mai 1890. — « Je connais un pauvre diable qui a encouru, en 1872, un mois de prison pour vol... Il a essayé, il y a cinq ans, d'obtenir sa réhabilitation. Il a dû faire cesser les enquêtes, qui devenaient trop compromettantes pour lui. »

Veuillez écouter encore ce cri d'un malheureux auquel la réhabilitation est devenue impossible, vous allez voir par quelle touchante raison :

« Il y a plus de trente ans, j'étais employé d'une administration de l'Etat ; j'eus la malheureuse idée, — péché de jeunesse, manque de jugement, inconscience du cas, — de disposer d'un objet confié à ma garde. Je fus condamné à moins de trois mois de prison.

« Ma peine finie, j'ai pris mon courage à deux mains, me suis remis sur mes pieds. J'ai courageusement travaillé, lutté... De mes frères, j'ai fait des hommes, lesquels lors de l'invasion ont fait courageusement leur devoir... J'ai élevé mon fils, c'est un brillant officier. Il a été nommé capitaine au choix. Il va être décoré. J'aurais pu depuis tant d'années demander, obtenir ma réhabilitation. Mais cette procédure a le cruel inconvénient des jours douloureux et qu'eût pu apprendre mon enfant. Or, on me donnerait des millions pour le faire que je n'y recourrais jamais. »

Laissez-moi maintenant, messieurs, vous montrer par des faits vivants à quels dangers ces malheureux qui n'ont pas pu, pour une raison ou pour une autre, demander la réhabilitation, sont journellement exposés. Voici une lettre que je vous lirai en entier ; je ne crois pas que sa lecture vous fatigue. (*Non ! Non ! Lisez !*)

« La réhabilitation est effrayante à demander pour ceux qui, frappés par la justice, n'ont pas eu leur condamnation publiée par les journaux. Ils subissent leur condamnation ignorée de tous et tâchent, en travaillant, en vivant honnêtement, de reprendre leur place dans la société. S'ils demandent leur réhabilitation, une enquête a lieu ; un agent maladroit divulgue le but de ses questions, et ce secret, que le malheureux voulait cacher à tous, se propage dans son quartier et il est perdu.

« Je connais un homme qui, dans un moment d'entraînement, a acheté à crédit des marchandises qu'il n'a pu payer à l'échéance. Poursuivi, il fut condamné à deux ans de prison, qu'il subit. En sortant, il se jura qu'il ne commettrait jamais plus un acte répréhensible, et il s'est tenu parole.

« Il y a trente-cinq ans.

« Il eut de rudes misères à supporter, il connut la faim, mais il ne se découragea jamais.

« Deux fois, il conquit des positions honorables. Deux fois, des bandits contre lesquels il devait sévir demandèrent son casier judiciaire ; ils l'obtinrent, et deux fois le malheureux fut obligé de tout abandonner et de recommencer à nouveau la lutte pour la vie.

« Dieu a béni ses efforts et il a, pour la troisième fois, refait sa position. Tous ceux qui le connaissent vantent sa droiture, sa bonté, son honnêteté.

« Aujourd'hui il est vieux et n'a que peu de temps à vivre. Il n'a jamais voulu se marier, de peur que la faute commise dans sa jeunesse ne fût connue de celle qu'il épouserait. Il a élevé un enfant. Il aurait voulu l'adopter, mais il est, lui, privé de ses droits civils. N'est-ce pas horriblement injuste et cruel que ce pardon refusé jusqu'ici par la loi à tout repentir ?...

« La demande de réhabilitation est impossible telle qu'elle est actuellement. Elle rappelle à tous par sa procédure, par sa publication, une condamnation effacée ou oubliée.

« Elle devrait être accordée de droit à tout individu qui, après un laps d'années de cinq, dix ou quinze ans, n'aura pas comparu devant les tribunaux, sans qu'il soit besoin de la demander. Il ne faut pas que le châtiment soit éternel, alors que l'on dit que Dieu est miséricordieux et qu'il pardonne toujours à celui qui se repent. »

Autre lettre : « 14 juin 1898. Un de mes camarades peintres... »

C'est le cas dont je vous ai parlé tout à l'heure. Inutile d'insister.

Un dernier exemple, celui-là bien particulièrement douloureux :

« Il y a plus de trente ans, j'avais seize ans, un jour d'élections dans notre petit village, mon pauvre père, qui était libéral, eut une discussion avec le maire. J'intervins et au cours de la querelle j'eus le tort d'insulter le maire. Arrêté, on me conduisit au chef-lieu et je fus condamné à quinze jours de prison.

« A dix-huit ans, j'étais bachelier ès lettres et ès sciences. Je m'engageai. Je devins maréchal des logis-chef et j'étais à Saumur depuis vingt mois, prêt à passer sous-lieutenant avec le n° 5 ou 6 lorsqu'une lettre anonyme signalant le malheur qui m'avait frappé me fit renvoyer, brisant ainsi mon avenir et ma vie...

« Mon pauvre père et ma pauvre mère en moururent de chagrin. Seul dès lors, je partis sans dire à personne où j'allais. Je trouvai à me caser dans un magasin à Lille comme comptable. J'y étais depuis dix-sept ans, gagnant alors 6,000 francs par an. Un jour, un homme de mon village y entra par hasard et me reconnut. Je lui fis bon accueil, l'hébergeai pendant plusieurs jours et le suppliai de ne parler à personne de cette rencontre.

« Un mois plus tard je fus appelé par mon patron, un homme bon et humain. Il me fit voir un journal signalant sa maison comme ayant à son service un repris de justice dangereux ; on m'invita à faire venir mon casier judiciaire. Je baissai la tête et je dus partir sans certificat. Depuis, j'ai, il y a longtemps épuisé, mes économies qui s'élevaient à 16,000 francs. Partout où je me suis présenté, on me demandait mon casier judiciaire. J'ai fait tous les métiers honnêtes, j'ai travaillé la terre, j'ai fait le bûcheron, et, un jour que j'étais contre-maître dans une forêt en exploitation, l'entrepreneur ayant demandé mon inscription sur les listes électorales, le maire écrivit chez moi. Son collègue, toujours le même, répondit ceci : « Dites-lui de vous fournir son casier judiciaire. » Je fus congédié et je dus fuir avec honte. Je suis pourtant un parfait honnête homme n'ayant jamais fait tort d'un centime à personne. »

Je ne vous ai jusqu'à présent parlé que de ceux de ces malheureux qui, par leur persévérance et leur courage, sont parvenus, en dépit de dangers permanents, à se créer une situation acceptable. Que n'aurais-je pas à vous dire si je voulais maintenant vous parler de ceux, hélas ! bien plus nombreux, qui ont succombé à la tâche !

Ceux-là n'écrivent pas, leur honte les condamne au silence, mais combien y en a-t-il parmi ceux qu'on classe parmi les récidivistes ! Et tout cela parfois pour les plus faibles condamnations, pour les délits les plus insignifiants, comme pour les fautes les plus anciennes.

Voici deux malheureux qui gémissent, l'un depuis trente-six ans, l'autre depuis cinquante-neuf ans, sous le poids d'une condamnation légère. En voici un dont la condamnation n'a été que d'une simple amende ; il a été condamné dans sa jeunesse à 16 francs d'amende pour un délit portant privation des droits politiques, sans doute un délit de vol ou d'outrage aux mœurs, mais vous jugez ce que devait être le fait puisque la répression était de 16 francs ! Celui-là est encore privé à soixante ans du droit de vote, car la peine accessoire, même d'une amende, dans certains cas est perpétuelle.

M. le rapporteur. Mais non, elle ne l'est pas.

M. Bérenger. Je vous demande pardon. Elle l'est, quand la condamnation est prononcée pour vol ou outrage aux mœurs.

Je poursuis : un autre est condamné à 65 francs d'amende pour port d'arme prohibée ; il appartenait à l'administration de l'octroi, il a été impitoyablement renvoyé, et, malgré tous mes efforts, je n'ai pu obtenir sa réintégration.

Et les condamnés militaires, condamnés le plus souvent pour des fautes légères ! Et les faillis... Y a-t-il un seul d'entre vous, messieurs, qui n'ait reçu de réclamations à cet égard ? Un homme est failli, c'est une faillite simple : c'est-à-dire qu'il n'a commis aucun des faits qui peuvent entraîner une condamnation correctionnelle et faire dégénérer la faillite en banqueroute simple, à plus forte raison en banqueroute frauduleuse. Le plus souvent, c'est parce que la fortune ne lui a pas souri, parce qu'il a trop présumé de son crédit ou encore parce que la faillite de quelque maison voisine l'a empêché de faire honneur à ses affaires. Par une singulière extension du casier judiciaire, que je n'ai jamais pu comprendre, ce failli voit le jugement qui a prononcé la faillite, et qui n'est qu'un jugement civil, inscrit sur le casier judiciaire au milieu des condamnations pénales.

Messieurs, d'après le projet qui vous est soumis, le casier judiciaire doit toujours contenir ces condamnations, parce qu'il est utile à l'administration de les connaître, le failli étant privé de la jouissance de ses droits politiques ; mais la commission, d'accord avec M. le Garde des Sceaux, a décidé que désormais le jugement de faillite ne figurerait plus sur les bulletins délivrés aux particuliers.

(*M. le Garde des Sceaux fait un signe de dénégation.*)

M. Bérenger. Je commets, paraît-il, une erreur, et M. le Garde des Sceaux me fait signe qu'il n'a pas acquiescé sur ce point à notre proposition. C'est donc la commission seule qui vous propose de ne point faire figurer le jugement de faillite sur le bulletin délivré aux parties. Ce sera une amélioration et je ne saurais trop y applaudir, car la situation actuelle est cruelle. Le failli, sa vie durant, s'il n'a pas obtenu sa réhabilitation, — et vous savez que, même au cas de concordat, elle ne peut être obtenue qu'à la condition qu'il ait pu payer l'intégralité de ses créanciers, — voit sa faillite figurer sur le casier judiciaire.

On se console en me disant : Il en est de cela comme des petites condamnations, particulièrement de celles à l'amende. Elles ne sont pas si sévèrement appréciées par les patrons que vous le dites et n'empêchent pas le placement d'un ouvrier.

C'est, Messieurs, une complète erreur. Il est à ma connaissance que les sociétés de patronage interviennent fréquemment dans des cas semblables pour tâcher de déterminer un patron à prendre au moins à l'essai les malheureux qui se trouvent dans ces conditions, et je puis affirmer qu'elles n'y réussissent que très exceptionnellement.

La moindre condamnation, l'amende elle-même, est une cause d'exclusion ; j'en citerai un exemple récent. Un jeune homme condamné à 16 francs d'amende pour contravention de pêche, s'est vu refuser l'entrée d'une administration financière parce que son casier judiciaire n'était pas en blanc.

On est intervenu ; qu'est-ce, en effet, au point de vue de l'honnêteté, de la considération, même des relations du monde, qu'une condamnation à 16 francs d'amende ? On a répondu qu'on n'avait pas à discuter avec le casier judiciaire ; qu'il le fallait en blanc pour être reçu. Et c'est la règle à peu près partout : excellent moyen pour se débarrasser d'une partie des demandes dont on est assailli.

Et voilà comment l'implacable abus du casier judiciaire rejette si souvent dans l'abîme des malheureux qui pourraient être sauvés !

Il est une dernière conséquence, peut-être plus déplorable encore. Vous ne croiriez pas qu'à l'heure qu'il est des hospices refusent de recevoir un vieillard infirme et sans pain s'il a une condamnation, même ancienne, à son casier judiciaire ! (*Exclamations.*) Vous pouvez vous renseigner.

M. **Baduel**. A Paris peut-être, mais pas en province.

M. **Bérenger**. En province aussi bien qu'à Paris.

Je rends hommage aux administrations hospitalières qui n'acceptent pas un pareil règlement, mais j'affirme que la règle existe dans un grand nombre de villes ; j'en ai un exemple sous la main.

Ainsi le travail durant l'âge mûr, l'assistance même dans la vieillesse, tout peut manquer à ces malheureux.

En voilà assez, messieurs, pour justifier la réforme. Que faut-il faire ? et je vais essayer de terminer par là mon argumentation le plus brièvement possible. Il y aurait un moyen bien simple ; ce serait, je puis le dire, le seul logique et vraiment d'accord avec la raison. Ce moyen, ce serait de revenir à la pratique ancienne. Le casier judiciaire uniquement réservé aux magistrats comme les notices criminelles qu'il a remplacées.

J'avoue que c'est cette solution qui m'aurait le plus satisfait. Elle a eu, dans la commission extraparlementaire, des défenseurs très fermes, très sérieux, notamment le directeur des affaires criminelles et des grâces qui était alors au ministère de la justice. Elle a eu également notre honorable et vénéré collègue M. Cazot, qui, depuis le commencement jusqu'à l'heure actuelle, a toujours soutenu que le casier judiciaire devait être refusé aux parties...

M. **Cazot**. Je n'ai pas changé d'opinion.

M. **Bérenger**. ...et il n'a pas changé d'opinion.

Messieurs, c'est la solution qui aurait mes préférences — et si l'honorable M. Cazot la propose, je lui donnerai assurément l'appui de mon suffrage — c'est cependant celle que je n'ose pas vous proposer. Je tiens tellement à ce qu'on fasse une réforme, dût-elle être incomplète, que je redoute les oppositions ; je n'ose pas tant demander, de peur de ne pas assez obtenir. Mais si je ne vais pas jusque-là, messieurs, au moins serai-je aussi ferme et aussi énergique qu'il m'est possible de l'être en vous demandant de vouloir bien sanctionner la proposition que vous soumet la commission.

En quoi consiste-t-elle ?

En trois choses. D'abord, une restriction des mentions du bulletin délivré aux parties ; ensuite, ce que nous avons appelé, peut-être improprement, la prescription du casier après un temps d'épreuve. Enfin, la réhabilitation de droit après un temps plus long, dans les mêmes conditions.

Sur le premier point, nous vous demandons la suppression, sur le bulletin délivré aux particuliers, celui qui se montre aux patrons, des condamnations qu'il est inutile à celui qui cherche un employé ou un ouvrier de connaître. Actuellement, ce bulletin est la reproduction, non pas absolument, mais à peu près intégrale, de toutes les condamnations.

On y fait, par conséquent, figurer les condamnations les plus insignifiantes : pêche ou chasse, simples voies de fait, outrages aux agents, et cela alors même, je l'ai déjà dit, que la peine est d'une simple amende.

On s'est dit : à quoi bon cette multitude de condamnations sans importance dont le patron n'a que faire ? Est-ce pour en avoir connaissance qu'il réclame le casier ? Assurément non. La seule chose qu'il lui importe de connaître, c'est si l'homme qui s'offre à entrer chez lui est honnête, moral, si, par conséquent, il n'a pas été condamné pour improbité, ou pour fait contre les mœurs.

Il suffit donc, pour satisfaire à ces préoccupations, que le bulletin porte les condamnations pour improbité, c'est-à-dire pour vol, abus de confiance, escroquerie, ainsi que les condamnations pour outrages aux bonnes mœurs ; et c'est sur cette donnée que la commission a voté une réduction logique des mentions à donner sur le bulletin.

La seconde proposition, c'est la prescription ; elle repose sur une double considération.

Se fondant d'abord sur l'observation déjà présentée que la peine accessoire réellement créée par le casier ne peut être perpétuelle, alors que la peine principale n'est que temporaire, on constate que l'inscription au casier judiciaire ne peut avoir qu'une durée proportionnée à la peine prononcée. Le casier judiciaire ne doit donc être que temporaire, non pas en ce qui concerne les renseignements donnés aux magistrats, bien entendu, ou à l'Etat, mais seulement quand il s'agit du bulletin délivré aux particuliers.

On appuie cette considération en disant : « mais tout se prescrit dans ce monde ! L'action publique elle-même se prescrit. Un assassin, inculpé de ce genre de crime dans ce qu'il a de plus odieux, un assassin qui a tué pour voler ou pour violer, si, pendant dix ans, il déjoue les recherches de la justice, peut se représenter dans son pays ; personne n'a le droit de mettre la main sur lui ; il ne peut plus être repris ; la prescription va jusque-là.

Supposez maintenant un condamné pour la faute la plus grave ; il s'échappe, il va à l'étranger, il ne revient qu'au bout de vingt ans : sa peine est prescrite, il peut se présenter le front haut ; personne n'aura le droit de lui adresser un reproche. Il y a mieux : si on lui reprochait sa condamnation, par un effet bien inattendu de nos lois sur la presse, il pourrait poursuivre en diffamation devant nos tribunaux correctionnels.

La prescription peut donc tout couvrir. Le casier judiciaire sera-t-il la seule chose qu'elle n'atteindra pas ! Comment ! la peine, comment !

l'action publique elle-même se prescrivent, et la mention de la condamnation seule restera imprescriptible ! Personne ne pourrait le soutenir, d'autant mieux qu'ici la prescription se présentera dans des conditions particulières, bien plus acceptables que celles dans lesquelles elle se produit généralement.

Ce sera, non pas la prescription automatique, brutale qui intervient, quelle qu'ait été la conduite de l'individu, par le fait seul de l'expiration de la durée de temps prescrite par la loi, mais la prescription méritée par cinq, dix ou quinze ans d'épreuve, suivant les cas, la prescription, récompense de la bonne conduite.

Enfin, Messieurs, j'arrive au dernier point.

Puisque nous entrons dans cette voie d'accorder la prescription comme récompense à l'individu anciennement condamné, et qui, pendant un long temps, a échappé à toute condamnation, n'est-il pas légitime de lui en offrir une autre plus complète, lorsqu'il a justifié par une épreuve plus prolongée l'espoir placé en lui et de lui donner ainsi un nouveau stimulant à la bonne conduite ? Cette seconde récompense après dix, quinze et vingt aus, suivant le cas, sera la réhabilitation de droit.

Oh ! je sais que cette proposition est considérée, par certains de nos collègues, comme une nouveauté dangereuse, qu'elle n'a pas rallié tous les suffrages de la commission ; mais elle a rencontré l'acquiescement de plusieurs Gardes des Sceaux, de celui notamment devant lequel je parle, et nous avons la confiance qu'elle obtiendra l'assentiment du Sénat.

Que parle-t-on d'ailleurs de nouveauté ? C'en eût été une, en effet, avant la loi de 1891 sur le sursis. Mais aujourd'hui ce n'est plus qu'une application nouvelle du principe qu'elle a posé. Cinq ans passés sans condamnation nouvelle après un sursis obtenu, non seulement délivrent de l'exécution de la peine et de l'inscription au casier judiciaire, mais produisent la réhabilitation de droit. Voilà le principe entré alors dans nos lois.

La proposition nouvelle n'en est que le légitime développement. Les peines seront souvent plus graves, dira-t-on. C'est possible, mais l'expiation sera plus longue, dix, quinze ou vingt ans.

Messieurs, c'est le pardon. Mais veut-on que la société soit toujours implacable ? Nous ne croyons pas que ce soit ni dans son intérêt ni dans celui de la justice, et rien ne nous semble plus moralisateur, quand la peine a été subie et la faute expiée, que de proclamer le pardon.

Telles sont, Messieurs, les trois propositions qui vous sont faites ; nous avons le bonheur d'être d'accord avec M. le Garde des Sceaux sur les deux dernières, la prescription et la réhabilitation de droit ; nous sommes en léger dissentiment sur celle qui consiste à faire un casier judiciaire spécial pour être remis aux particuliers.

Ici, je comprends les préoccupations de M. le Garde des Sceaux ; si j'en parle maintenant, c'est pour simplifier la discussion, et n'avoir pas à y revenir.

L'objection unique de M. le Garde des Sceaux est que ce serait tromper le public que de lui laisser présenter un casier tronqué. Présentée ainsi, l'objection paraît irrésistible. C'est une question de loyauté ; à quoi servirait d'ailleurs de rien cacher ? le patron mis en défiance réclamerait alors un autre titre, la carte électorale par exemple.

Nous répondons, Messieurs, que, pour que cet argument eût toute sa portée, il faudrait pouvoir démontrer qu'actuellement le bulletin n° 2, délivré aux parties, est une énumération intégrale de toutes les condamnations prononcées.

Or, il n'en est rien, et M. le Garde des Sceaux se méprend lorsqu'il croit qu'à l'heure actuelle il a ce caractère. Le contraire est facile à prouver. Le bulletin n° 2 actuel ne comprend, en effet, ni les condamnations à l'emprisonnement prononcées par les tribunaux de simple police, ni les jugements qui envoient des mineurs, souvent pour de longues années, dans des maisons d'éducation correctionnelles, décisions cependant fort intéressantes à connaître pour un patron, car elles ont le plus souvent le vol pour cause.

En troisième lieu, n'y figurent pas davantage les condamnations effacées par une amnistie. Or, si, autrefois, l'amnistie était chose rare, et ne portait que sur des faits d'un ordre spécial ayant peu de rapports avec les délits de droit commun, il n'en est plus de même. Ne voyons-nous pas, aujourd'hui, des propositions d'amnistie faites à tout propos et quelquefois hors de propos ? (*Très bien ! très bien ! sur divers bancs.*)

Ne voyons-nous pas que ces amnisties portent non plus seulement sur les délits de presse, ce qui est naturel, à la condition qu'on n'en réserve aucun, non plus seulement sur les délits politiques, ce qui est naturel aussi, sauf à définir ce qu'est un délit politique, et j'avoue que, pour ma part, je ne le sais pas ; mais qu'elles portent encore sur les délits de grève, lesquels sont cependant bien utiles à connaître pour un patron, se rapprochant en général beaucoup de certains délits de droit commun, tels que les menaces et les coups, parfois même l'homicide.

Ne portent-elles pas parfois même sur des faits de droit commun ?

Ne voyons-nous pas, en effet, dans une proposition votée récemment à la Chambre des députés et dont vous êtes actuellement saisis, l'amnistie comprendre les faits d'outrages non publics envers des magistrats, et ceux d'outrages même publics envers des agents de la force publique ? Que de faits qui désormais ne vont plus se trouver au bulletin !

Et ce n'est pas tout encore. La réhabilitation n'augmente-t-elle pas encore la masse des condamnations dont la constatation échappe à l'heure actuelle à la connaissance des patrons qui réclament le dossier ?

Qu'on ne dise donc pas que le bulletin cessera d'être intégral : il ne l'a jamais été et il ne peut pas l'être.

Et voilà même qu'avec le consentement de M. le Garde des Sceaux, il va devenir moins complet encore :

Il accepte, en effet, qu'au bout d'un temps déterminé le casier judiciaire soit proscrit, que, par conséquent, les peines qui y auraient figuré cessent d'y être inscrites ; mais c'est accepter très catégoriquement le bulletin restreint et expurgé !

Il n'y a donc point ici de question de principe, car le bulletin ne peut en aucun cas être complet ; c'est donc une simple question de plus ou de moins et tout le débat se réduit à savoir ce qu'on doit y mettre et ce qu'on peut en ôter.

Eh bien, examinons ce que la commission exclut. Ce sont d'abord les condamnations équivalentes à des peines de simple police. Les peines de simple police ne figurent pas sur le casier judiciaire, c'est la règle actuelle. Pourquoi, quand elles sont prononcées par les tribunaux correctionnels, y figureraient-elles ? Où serait la logique ?

Ce sont ensuite les peines prononcées contre les mineurs reconnus par les tribunaux comme ayant agi avec discernement, mais qui cependant, vu leur état de minorité, ont été considérés comme excusables. N'est-ce pas naturel ?... du moment qu'on ne veut pas faire figurer la décision qui va les envoyer dans une colonie pénitentiaire, n'y a-t-il pas les mêmes raisons ?

Faut-il que leur casier judiciaire constitue pour eux un obstacle fatal qu'ils rencontrent ensuite pendant le reste de leur vie ?

Nous excluons encore les délits de presse et les délits politiques ; nous ne pouvons pas ne pas être d'accord sur ce point avec M. le Gardé des Sceaux, surtout en réservant, comme nous le faisons, la diffamation. Faut-il qu'un condamné pour ces délits spéciaux soit exposé à se voir refuser du travail ou un emploi ?

Enfin, une dernière catégorie : — et ici je ferai appel à votre particulière bienveillance, car c'est un sujet auquel vous comprendrez que je tienne plus que personne — nous excluons les condamnations avec sursis, celles prononcées — si vous voulez que je m'exprime plus clairement, — avec application de la loi Bérenger, lorsqu'elles n'ont pas dépassé un certain taux.

Je conviens que c'est une innovation, mais n'est-elle pas justifiée ? La condamnation figure actuellement sur le bulletin, mais avec la mention expresse qu'elle a été accompagnée de sursis.

Quand vous avez décidé cela, Messieurs, d'accord avec votre commission, c'est que vous pensiez que cette mention du sursis désarmerait les patrons et qu'ils ne feraient pas état d'une condamnation semblable.

Eh bien, nous n'avons pas été heureux dans cette conjecture, nous nous sommes trompés et la condamnation avec sursis exclut de tout emploi et de tout atelier les malheureux qui l'out encourue, aussi bien que la condamnation plus grave. Les magistrats ont voulu pardonner, les patrons ne pardonnent pas et refusent sans commisération le travail.

Est-ce admissible et ne faut-il pas revenir sur une décision qui a une pareille conséquence.

Nous disons en outre ceci : qu'est-ce qui doit figurer sur le casier judiciaire ? Les condamnations définitives seules. Or, les condamnations avec sursis ne sont pas définitives. On les appelle avec raison conditionnelles, on pourrait presque dire provisoires, car il dépend du condamné lui-même de les effacer. Comment ne point accepter cette double raison ?

Telles sont, messieurs, les catégories de condamnations que nous voulons exclure du casier judiciaire. Je regrette que M. le Garde des Sceaux ne soit point ici d'accord avec nous et je serais heureux si les explications que je viens de donner nous assuraient son concours.

Voilà, messieurs, toute la loi. Quoique modeste, elle peut, j'en ai l'espoir, constituer une grande réforme. Permettez-moi de finir par une considération générale, qui me semble propre à vous frapper.

On parle beaucoup de l'armée du crime et des dangers qu'elle fait courir à la société ; on parle beaucoup de l'état de nos prisons, de cette promiscuité entre les condamnés, qui achève de pervertir ceux qui ne le sont pas complètement et on réclame des réformes pour conjurer tous ces périls. Mais tout est difficile et peut entraîner d'énormes dépenses.

Il en est une déjà réalisée en partie, la plus efficace à mon sens de celles qui puissent être adoptées et dont les heureux résultats peuvent s'obtenir immédiatement et sans dépense : c'est celle qui consiste à séparer les bons des méchants et à rattacher les premiers au bien par le stimulant des récompenses et du pardon.

Vous l'avez fait en 1891, en ce qui touche ceux que la justice a à punir. On voit aujourd'hui les bons effets de la loi.

Il reste à le faire, après la peine subie, pour ceux qu'une condamnation a atteints, et qui se sont montrés dignes d'indulgence. Après avoir cherché à prévenir, il faut chercher à sauver.

La loi qui vous est proposée vous en offre le moyen, messieurs. Faites luire la récompense, faites entrevoir le pardon au malheureux qui cherche à se relever et soyez convaincus que vous aurez beaucoup fait pour lutter contre l'un des fléaux les plus graves de l'époque actuelle, le danger de la récidive. (*Très bien ! et applaudissements sur un grand nombre de bancs.*)

M. le président. La parole est à M. le Garde des Sceaux.

M. le Garde des Sceaux. Messieurs, je voudrais très simplement faire connaître au Sénat les idées que le Gouvernement désire voir réaliser par la proposition qui vous est soumise.

Mes explications seront très brèves. M. le sénateur Bérenger, en vous exposant l'économie et la structure générale du projet de loi, m'a singulièrement facilité la tâche et je n'aurai qu'à vous signaler les points sur lesquels je suis d'accord avec la commission et ceux, au contraire, sur lesquels le Gouvernement a cru devoir proposer des modifications.

Vous connaissez tous, messieurs, le fonctionnement du casier judiciaire.

Cette institution ingénieuse repose sur cette idée bien simple qu'au chef-lieu de chaque arrondissement, auprès du tribunal, se trouvent réunis tous les actes de l'état civil. On a donc là, sous la main, les actes de naissance de tous les individus qui sont nés dans l'arrondissement.

Si, à côté de cet ensemble des actes de naissance, on a soin de dresser la liste de toutes les condamnations dont ont pu être frappés ces individus, il sera toujours facile d'établir un certificat constatant, ou bien qu'une personne n'a jamais été condamnée, ou bien qu'elle a encouru telle ou telle condamnation.

Comme les délinquants qui sont poursuivis devant les tribunaux doivent toujours justifier de leur état civil, comme on connaît toujours le lieu et la date de leur naissance, rien n'est plus simple, pour la juridiction répressive, que de se procurer les renseignements nécessaires sur les antécédents des individus qui comparaissent devant elle.

Cette organisation du casier judiciaire, qui remonte à 1850, se manifeste, dans la pratique, sous la forme de plusieurs bulletins.

Il y a d'abord le bulletin n° 1. C'est celui qui est conservé au greffe du tribunal civil, où il est à la disposition du Parquet et du tribunal correctionnel.

Ce bulletin consiste dans la réunion des renseignements qui sont envoyés, par toutes les juridictions répressives, et qui concernent les individus nés dans l'arrondissement.

Donc, dans ce bulletin n° 1, au nom d'un individu, vous trouverez nécessairement la liste complète de toutes les condamnations qu'il a pu encourir.

Lorsqu'il y a lieu d'obtenir, à cet égard, des renseignements plus complets, nous devons nous reporter au bulletin n° 2.

Le bulletin n° 2 est celui qui est délivré par le greffier du tribunal, sous la direction du parquet, aux juridictions répressives et aux administrations publiques qui ont besoin d'avoir des indications précises sur les individus auxquels elles ont affaire. Dans ce bulletin n° 2, on reproduira servilement et d'une façon absolument complète le bulletin n° 1, c'est-à-dire qu'on délivrera au tribunal devant lequel comparaît un inculpé, ou à l'administration publique qui veut se renseigner sur un postulant, les mentions exactes relatives aux différentes condamnations encourues.

Je m'arrête ici. Nous sommes, jusqu'à présent, dans le domaine des tribunaux et des administrations publiques. Mais est-ce que le casier judiciaire, qui est un précieux instrument de renseignements, va leur être réservé ; ou, au contraire, va-t-on le mettre à la disposition des particuliers ? A ce propos, M. le sénateur Bérenger rappelait une circulaire imprudente qui permettait aux simples particuliers de réclamer, dans les greffes, les casiers judiciaires. C'était là une mesure abusive qu'il a bien vite fallu rapporter, et la délivrance du casier judiciaire aux particuliers a été limitée d'une façon très précise ; on a décidé que l'intéressé seul aurait le droit de venir demander au greffe son casier judiciaire.

Évidemment, cela ne veut pas dire que le document délivré à l'intéressé ne sera connu que de lui, car s'il n'y a que lui qui puisse le réclamer, il est bien sûr que les tiers avec lesquels il se trouvera en relations, les patrons, par exemple, auxquels il offrira ses services, les administrations privées dans lesquelles il voudra entrer, demanderont la production de ce casier judiciaire pour savoir si oui ou non il a encouru des condamnations.

Jusqu'à présent, quand un particulier réclamait son casier judiciaire pour le présenter à un patron ou à une administration afin de justifier qu'il n'avait jamais été condamné, la pièce était non pas identique, — je vais expliquer tout à l'heure pourquoi, — mais à peu près conforme au bulletin n° 1, c'est-à-dire au casier judiciaire original.

On vous demande que, désormais, dans la délivrance de ce bulletin, — qu'on appelle bulletin n° 3 et j'accepte très bien cette dénomination

— il y ait un tri à faire, que certaines condamnations soient indiquées, et que d'autres ne soient pas inscrites.

Messieurs, c'est là une disposition très grave sur laquelle je ne suis pas d'accord avec la commission.

L'honorable M. Bérenger nous dit : « Mais, en somme, nous ne vous demandons que de persévérer, en l'élargissant quelque peu, dans une voie où vous êtes déjà entrés, car, à l'heure actuelle — c'est la vérité — le bulletin n° 2 que vous délivrez aux particuliers n'est pas identiquement le même que celui que vous. délivrez aux tribunaux ou aux administrations publiques.

« Allez un peu plus loin : il n'y a pas grand mal à cela. »

Tel n'est pas mon sentiment.

D'abord, Messieurs, si le bulletin n° 2 qui est remis aux particuliers n'est point absolument conforme au bulletin n° 1 qui est délivré aux tribunaux et aux administrations publiques, cela tient à la nature même des choses. Je reprends, en effet, les exceptions que signalait tout à l'heure l'honorable M. Bérenger.

Dans le bulletin n° 2 délivré aux particuliers on ne fait pas figurer les condamnations qui ont été l'objet d'une amnistie. C'est l'application d'un principe de droit auquel il est impossible de se soustraire.

L'amnistie efface non seulement la condamnation, mais le fait même incriminé *(C'est vrai !)* et il serait véritablement étrange que dans un certificat délivré à un particulier on signalât une condamnation que la loi a effacée non seulement en elle-même, mais jusque dans le fait qui lui a donné naissance. *(Nouvelles marques d'assentiment.)*

Il est vrai que dans les renseignements donnés aux tribunaux, on fait figurer la condamnation avec la mention de l'amnistie : mais c'est à titre de renseignement seulement.

Il en est de même des condamnations que la réhabilitation fait tomber. La loi sur la réhabilitation décide expressément que la réhabilitation a pour effet d'effacer la condamnation avec toutes ses conséquences.

Quant aux décisions prononcées en vertu de l'article 66 du Code pénal — décisions par lesquelles les mineurs auront été acquittés comme ayant agi sans discernement — alors même que les mineurs auront été envoyés dans une maison de correction, elles constituent des jugements d'acquittement et il n'y a pas de raison pour les faire figurer dans un bulletin de casier judiciaire destiné à un particulier. Les différences qui existent à l'heure actuelle entre le bulletin n° 1, destiné aux tribunaux, et le bulletin n° 2, délivré aux particuliers, se justifient pleinement. Il s'agit de savoir si on ira plus loin.

Le projet de loi suppose l'établissement d'un bulletin n° 3. Je ne fais aucune difficulté à l'admettre et je comprends parfaitement que puisque le bulletin délivré à un particulier n'est pas la reproduction identique de celui qui est délivré aux tribunaux, on le distingue par un numérotage particulier.

Du reste, étant donnée la structure du projet de loi, il est beaucoup plus simple, à tous égards, d'admettre la création du bulletin n° 3, sauf à examiner ensuite ce qu'il devra renfermer, et c'est sur ce contenu du bulletin n° 3 que nous ne sommes plus d'accord.

Je crois que nous devons, d'une manière générale, en ce qui concerne le bulletin n° 3, nous en tenir aux exceptions que j'ai signalées tout à l'heure, c'est-à-dire à celles qui sont la conséquence de l'application des principes mêmes du droit.

J'estime qu'il ne faudrait pas aller plus loin.

Il y a dans le projet une exception qui figure au n° 6 de l'article 7 : « Les condamnations prononcées à l'étranger pour des faits non prévus par les lois pénales françaises. »

Il est bien évident que cette exception doit être admise, car les faits qui ne tombent point sous le coup de la loi française, bien que punis par une loi pénale étrangère, ne sont pas considérés en France comme une infraction, et ce n'est pas dans le bulletin n° 3, ni même dans le bulletin n° 2, qu'on peut faire figurer des condamnations n'ayant pas d'existence légale en France. (*Approbation.*)

Mais en dehors de ces exceptions qui sont commandées par des nécessités de fait ou par l'application d'un principe de droit, je crois qu'il faut maintenir dans le bulletin n° 3 toutes les condamnations qui sont inscrites dans le bulletin n° 2. (*Très bien ! très bien ! sur divers bancs.*)

Je préférerais, plutôt que d'admettre une autre solution, discuter le point de savoir si on doit ou non délivrer un bulletin aux particuliers.

J'aimerais mieux que la faculté de demander le casier judiciaire fût réservée aux autorités judiciaires ou aux administrations publiques que d'être exposé à faire délivrer, sous la garantie du Gouvernement, des certificats incomplets, inexacts, qui ne produiront que l'un ou l'autre de ces deux effets : ou ils tromperont les particuliers qui voudront s'y rapporter, ou on n'aura plus aucune confiance en eux et on ne s'en préoccupera plus. (*Assentiment.*)

Il y a, à l'heure actuelle, une pratique qui peut avoir ses inconvénients, je le reconnais, mais qui au moins repose sur l'application légale d'un principe. Aujourd'hui, la pièce qu'on délivre à l'intéressé est sincère, et quand il la présente à un tiers, patron ou administration, ces derniers savent qu'on peut avoir confiance en elle. Si vous admettez des limitations, des restrictions, qui nécessairement seront arbitraires, il n'en sera plus ainsi. Lorsqu'on portera un document semblable à un patron, il sera fondé à dire : S'il y a « néant » sur votre casier judiciaire, cela ne prouve pas que vous n'avez pas été condamné mais peut-être que vous avez seulement encouru des condamnations qu'on ne fait pas figurer au bulletin qui est délivré aux particuliers.

Du reste, il y a des gens fort intéressants qui seraient absolument victimes de cette organisation nouvelle ; ce sont ceux qui n'ont jamais été condamnés. (*Très bien ! très bien ! — C'est cela ! sur divers bancs.*

A ceux-là vous enlevez le moyen légal de prouver qu'ils n'ont jamais encouru de condamnation. Ils auront beau avoir un casier judiciaire absolument vierge, il n'en sera pas moins identique à celui du voisin qui aura, lui, quelque peccadille à se reprocher. Il me semble que ces raisons sont suffisantes pour écarter la proposition de la commission.

Vous pourrez peut-être, dans le cours de la discussion, être amenés à examiner le point de savoir s'il ne serait pas préférable de supprimer la publicité du casier judiciaire ; je ne l'aborde pas quant à présent, je fais seulement remarquer qu'il y a des usages qui reposent sur cette délivrance du casier judiciaire, et qu'il serait peut-être dangereux d'aller à l'encontre de ces habitudes. C'est là un point sur lequel j'étais en désaccord avec la commission ; nous y reviendrons si cela est nécessaire lors de la discussion des articles.

Je passe maintenant aux autres réformes que la commission a introduites dans son texte et auxquelles je suis absolument favorable. Dès le début, dès mon premier contact avec elle, j'ai fait connaître que sur ce terrain nous pourrions nous entendre, mais en y apportant certaines restrictions.

Je veux parler de ce que l'honorable M. Bérenger appelait tout à l'heure la prescription du casier judiciaire, la réhabilitation du condamné. La prescription du casier judiciaire est une expression commode, bien qu'elle n'exprime pas absolument notre pensée. Je crois que ces deux réformes, qui sont proposées au Sénat, se rattachent l'une et l'autre, pour les condamnations anciennes, à l'idée qui a inspiré la loi du sursis. Et cependant, au lieu d'agir d'un seul coup, comme le fait la loi du sursis, nous avons opéré en quelque sorte par degrés. Nous avons exigé un premier stage, au bout duquel la condamnation disparaît du casier judiciaire, mais en subsistant quant à ses effets. Nous organisons ensuite un nouveau délai après lequel la condamnation est effacée par une sorte de réhabilitation légale.

Ce double bénéfice, sur lequel je vais m'expliquer en quelques mots et qui peut paraître exorbitant au premier abord, nous l'avons réservé — du moins, en ce qui me concerne c'est une idée très ferme et dont je ne me départirai pas — à ceux qu'on appelle les délinquants primaires, c'est-à-dire aux gens qui n'ont encouru qu'une seule condamnation.

Voici un homme qui a encouru une condamnation plus ou moins grave qui doit figurer à son casier judiciaire ; elle sera par conséquent portée sur le bulletin n° 3. Nous vous proposons de décider que cette condamnation, au bout d'un certain temps, qui variera suivant sa gravité, cessera d'être indiquée sur le bulletin n° 3.

C'est une sorte d'application de la loi sur le sursis. Nous ne pouvons pas, pour ces anciennes condamnations, examiner chaque espèce isolément, et voir d'une façon précise quelle était la situation du délinquant lorsqu'il a comparu devant le tribunal ; nous nous attachons simplement à ce critérium que, pendant un délai plus ou moins long, suivant l'importance de la condamnation, il n'en a encouru aucune autre, et nous disons : au bout de cinq, de dix ou de quinze ans à partir de l'exécution de la peine, la condamnation cessera de figurer sur ce casier n° 3.

C'est là une première faveur ; mais, remarquez-le bien, ce n'est pas l'effacement de la condamnation, car les incapacités qu'elle pouvait entraîner dans le domaine du droit civil ou du droit politique subsistent comme la condamnation elle-même.

Nous allons ensuite plus loin ; et, après ce stage, nous en organisons un second qui donne droit à une nouvelle faveur.

En effet, nous disons dans l'article 10 qu'au bout d'un délai qui, dans certains cas, est fixé au double et, dans d'autres, à la moitié en sus du premier délai, le délinquant n'ayant jamais subi d'autres condamnations sera réhabilité de plein droit par le seul fait du laps de temps. Nous effaçons sa condamnation et les conséquences qui y étaient attachées. C'est toujours l'application de l'idée de la loi pu sursis.

Cette loi, en effet, lorsque les cinq ans sont expirés, efface la condamnation ; nous faisons de même pour les anciennes condamnations, dans un délai beaucoup plus étendu.

Cette faveur est réservée, bien entendu, aux individus qui n'ont encouru qu'une seule condamnation, et je tiens à expliquer dès maintenant pourquoi je ne serais pas enclin à accepter des dispositions analogues en faveur de gens qui ont été frappés de condamnations multiples.

Il ne faut pas oublier que, dans notre législation, nous avons une procédure de réhabilitation ; que, par une faveur spéciale et à la condition d'une bonne conduite maintenue pendant un temps très long, nous faisons au délinquant primaire la faveur d'effacer sa condamnation du casier judiciaire, de l'effacer ensuite des registres eux-mêmes qui la consacrent. Cela se conçoit parce que nous sommes en présence d'un individu qui n'a commis qu'une infraction, chez lequel, par conséquent, il n'y a pas d'instincts mauvais, révélés par la persévérance dans les délits ou les crimes.

Mais, lorsqu'il s'agit au contraire d'individus ayant encouru des peines successives, la voie ordinaire de la réhabilitation est ouverte. Pour ceux-là, il faut examiner la situation de plus près et les enquêtes établies par le législateur dans la loi sur la réhabilitation sont nécessaires. Nous ne voulons pas organiser pour eux la faveur que nous réservons à ceux qui n'ont commis qu'une faute, qui a pu être une erreur rachetée par de longues années de bonne conduite et de travail.

Telles sont, Messieurs, les idées générales que réalise la loi et la mesure dans laquelle le Gouvernement entend collaborer avec la commission à son vote. En somme, le Gouvernement est d'accord avec la commission, sauf en ce qui concerne le bulletin nᵒ 3. Nous voulons qu'il comprenne toutes les condamnations encourues, à l'exception de celles que la loi elle-même, les principes ou les nécessités de droit, imposent de ne pas y faire figurer, parce que nous entendons que le bulletin délivré aux particuliers, qui est entré dans les mœurs, qui a toujours été considéré comme un instrument loyal et sincère, ne perde pas le caractère qu'il a eu jusqu'ici.

Je suis persuadé que le Sénat appréciera les efforts que la commission et le Gouvernement ont faits pour tâcher d'arriver à une réforme sérieuse, qu'il comprendra l'intérêt qu'il y a à faire sortir la réglementation du casier judiciaire du domaine incertain et quelquefois flottant des circulaires, pour la faire entrer dans le domaine de la loi.

Cette œuvre sera bonne ; elle pourra produire d'excellents effets et je suis certain que le Sénat tout entier s'y associera et votera cette loi, qui aura, soyez-en convaincus, d'excellents résultats au point de vue de la diminution de la criminalité. (*Très bien ! Très bien !*)

M. Bérenger trouvera peut-être que nous n'allons pas assez loin. Nous savons très bien que, quand il s'agit de pitié pour des condamnés méritants, son cœur n'est jamais insensible. Il a apporté à la tribune des lettres qui nous ont profondément touchés ; mais, qu'il me permette de le lui dire, ces documents, si intéressants qu'ils soient, ne portent, en somme, que sur des faits particuliers ; ce ne sont peut-être que des exceptions. Or, nous sommes appelés à légiférer pour l'ensemble des délinquants et des condamnés, et il serait peut-être dangereux de se laisser trop émouvoir par des situations intéressantes, et d'énerver au delà de ce qui est nécessaire la répression qui s'impose et qui est la protection même de la société. (*Très bien ! très bien ! et applaudissements.*)

M. Léopold Thézard. Je demande la parole.

M. le président. La parole est à M. Thézard.

M. Léopold Thézard. Messieurs, j'ai l'intention de défendre l'institution du bulletin n⁰ 3 telle qu'elle est proposée par la commission, dans l'article 7 du projet de loi. Mais j'estime que mes observations seront mieux à leur place lors de la discussion de cet article. Je n'interviens donc que pour réserver mon tour de parole et m'inscrire dès à présent contre les arguments qui ont été déjà fournis par M. le Garde des Sceaux.

M. le président. Quelqu'un demande-t-il encore la parole pour la discussion générale ?...

Je consulte le Sénat sur la question de savoir s'il entend passer à la discussion des articles du projet de loi.

(Le Sénat décide qu'il passe à la discussion des articles.)

M. le président. Je donne lecture de l'article 1er :

« ART. 1er. — Le greffe de chaque tribunal de première instance reçoit, en ce qui concerne les personnes nées dans la circonscription du tribunal et après vérification de leur identité aux registres de l'état civil, des bulletins, dits bulletins n⁰ 1, constatant :

« 1⁰ Les condamnations contradictoires ou par contumace et les condamnations par défaut non frappées d'opposition prononcées, pour crime ou délit, par toute juridiction répressive ;

« 2⁰ Les décisions prononcées par application de l'article 66 du Code pénal ;

« 3⁰ Les décisions disciplinaires prononcées par l'autorité judiciaire ou par une autorité administrative, lorsqu'elles entraînent ou édictent des incapacités ;

« 4⁰ Les jugements déclaratifs de faillite ou de liquidation judiciaire ;

« 5⁰ Les arrêtés d'expulsion pris contre les étrangers. »

Je mets aux voix l'article 1er.

(L'article 1er est adopté.)

M. le président. « ART. 2. — Il est fait mention sur les bulletins n⁰ 1 des grâces, commutations ou réductions de peines, des décisions qui suspendent l'exécution d'une première condamnation, des arrêtés de mise en libération conditionnelle et de révocation, des réhabilitations et des jugements relevant de la relégation, conformément à l'article 16 de la loi du 27 mai 1885 et des décisions qui rapportent la déchéance de la puissance paternelle ou les arrêtés d'expulsion.

« Sont retirés du casier judiciaire : les bulletins n⁰ 1, relatifs à des condamnations effacées par une amnistie, ou réformées en conformité d'une décision de rectification du casier judiciaire. » — (Adopté.)

« Art. 3. — Le casier judiciaire central, institué au ministère de la justice, reçoit les bulletins n° 1 concernant les personnes nées à l'étranger, dans les colonies, ou dont l'acte de naissance n'est pas retrouvé. » — (Adopté.)

« Art. 4. — Le bulletin n° 2 est le relevé intégral des bulletins n° 1 applicables au même individu.

« Il est délivré aux magistrats du Parquet et de l'instruction.

« Il l'est également aux administrations publiques de l'Etat, saisies de demandes d'emplois publics, ou en vue de poursuites disciplinaires ou de l'ouverture d'une école privée, conformément à la loi du 30 octobre 1886.

« Les bulletins n° 2 réclamés par les administrations publiques de l'Etat, soit pour engagement militaire ou maritime, soit pour l'exercice des droits politiques, ne comprennent que des décisions entraînant des incapacités prévues par les lois militaires, maritimes ou politiques.

« Lorsqu'il n'existe pas de bulletins n° 1 au casier judiciaire, le bulletin n° 2 porte la mention : *Néant.* » — (Adopté.)

« Art. 5. — En cas de condamnation, faillite ou destitution d'un office ministériel prononcée contre un individu soumis à l'obligation du service militaire ou maritime, il en est donné connaissance aux autorités militaire ou maritime par l'envoi d'un duplicata n° 1.

« Un duplicata de chaque bulletin n° 1, constatant une décision entraînant la privation des droits électoraux, est adressé à l'autorité administrative à l'égard de tout Français ou de tout étranger naturalisé. » — (Adopté.)

« Art. 6... »

M. le rapporteur. Monsieur le président, le bulletin n° 3 visé dans cet article étant établi par l'article 7, il serait peut-être plus rationnel de discuter d'abord l'article suivant, car s'il était rejeté il y aurait lieu de modifier le numérotage des bulletins.

M. le Garde des Sceaux. L'article 7 ne sera jamais rejeté dans son entier, parce qu'il contient certaines restrictions dont j'ai parlé tout à l'heure et qui s'imposent. Il y aura donc toujours un article 7 : il sera plus ou moins étendu, voilà tout. (*Très bien !*)

M. le rapporteur. Dans ces conditions, l'interversion devient, en effet, inutile.

M. le président. Je donne lecture de l'article 6 :

« Art. 6. — Le bulletin n° 3 peut être réclamé par la personne qu'il concerne et ne doit, dans aucun cas, être délivré à un tiers. »

(L'article 6, mis aux voix, est adopté.)

M. Morellet. Monsieur le président, il pourrait y avoir intérêt à remettre à une autre séance la discussion qui va s'ouvrir sur l'article 7, car c'est sur ce point que roulera le débat principal et il est déjà près de cinq heures. (*Protestations sur divers bancs.*).

M. le président. M. Morellet demande la remise de la discussion. (*Dénégations.*)

Insistez-vous, monsieur Morellet ?

M. Morellet. Non, monsieur le président, c'était une simple obser-

7

vation que je faisais. Devant l'accueil que paraît lui faire le Sénat, je n'insiste pas.

M. le président. Je donne lecture du paragraphe 1ᵉʳ de l'article 7 :

« Ne sont pas inscrites au bulletin n° 3 :

« 1° Les décisions prononcées par application de l'article 66 du Code pénal ; »

M. Léopold Thézard. Je demande la parole sur l'ensemble de l'article.

M. le président. La parole est à M. Thézard.

M. Léopold Thézard. Messieurs, j'ai demandé la parole sur l'ensemble de l'article et, par conséquent, je prie le Sénat de me permettre de lui en donner lecture :

« Ne sont pas inscrites au bulletin n° 3 :

« 1° Les décisions prononcées par application de l'article 66 du Code pénal ;

« 2° Les condamnations à moins de six jours de prison ou à une amende ne dépassant pas 25 francs ou à ces deux peines réunies ;

« 3° Les condamnations effacées par la réhabilitation ou par l'application de l'article 4 de la loi du 26 mars 1891 sur l'atténuation et l'aggravation des peines ;

« 4° Les déclarations de faillite ou de liquidation judiciaire et les décisions disciplinaires autres que la destitution ;

« 5° Les condamnations pour délits politiques et pour délits prévus par les lois sur la presse, à l'exception de celles qui ont été prononcées pour diffamation ou pour outrages aux bonnes mœurs, ou en vertu des articles 23, 24 et 25 de la loi du 29 juillet 1881 ;

« 6° Les condamnations prononcées à l'étranger pour des faits non prévus par les lois pénales françaises ;

« 7° Une première condamnation à un emprisonnement de trois mois ou de moins de trois mois prononcée par application des articles 67, 68 et 69 du Code pénal ;

« 8° Une première condamnation avec sursis soit à un mois ou moins d'un mois d'emprisonnement, soit à une amende supérieure à 50 francs, mais n'excédant pas 500 francs, prononcée pour un délit autre que le vol, l'escroquerie, l'abus de confiance ou l'attentat aux mœurs, prévu par l'article 334 du Code pénal pour outrage public à la pudeur, et le délit de l'article 400 du Code pénal. »

Il y a ici des mots qui sont le résultat d'un lapsus et qu'il faut supprimer « pour outrage public à la pudeur ».

Messieurs, je demande au Sénat le maintien du texte adopté par la majorité de la commission et, par conséquent, la création d'un bulletin n° 3 avec toute l'extension que comporte cet article 7.

Je puis dire que c'est là l'idée mère, l'idée dominante du projet qui vous est soumis et dont l'institution de ce bulletin n° 3 est précisément la raison d'être. D'où est né, en effet, le projet qui a été présenté tout d'abord par le Gouvernement, représenté alors par notre honorable collègue M. Fallières, Garde des Sceaux, qui a été ensuite élaboré par une commission extraparlementaire et qui a été enfin accepté par une majorité, faible, je le reconnais, mais par une majorité dans votre commission ? Ce projet qui tend à effacer certaines condamnations minimes du casier judiciaire destiné à être placé sous les yeux du public, il est né d'une observation des faits, de la pratique du casier et d'abus qui s'y sont révélés.

Le casier judiciaire étant institué, et étant admis que chacun a le droit de demander un extrait de son casier, un bulletin qui en reproduit les mentions, il était naturel, lorsqu'une personne se présentait pour obtenir un emploi soit chez un particulier, soit dans une grande compagnie, qu'on lui demandât de produire ce casier comme justification de ses antécédents. Il est difficile, et quant à moi j'admettrai difficilement que ce procédé ne soit pas considéré comme légitime, il est difficile de méconnaître aussi que, si le casier révèle des condamnations graves pour des faits portant atteinte à la probité ou à l'honneur, il doit en résulter une légitime défiance à l'égard de celui qui sollicite un emploi.

Mais si le casier ne porte qu'une condamnation légère, pour des faits qui n'attaquent ni la probité ni l'honneur ; si même il porte plusieurs condamnations, mais pour des faits absolument minimes, on peut, il me semble, dire, sauf à discuter, si tel ou tel fait a ou non ce caractère de gravité, que ce casier ne prouve rien au point de vue moral contre son auteur. On peut avoir subi de ces condamnations légères et être aussi honnête homme que celui dont le casier est absolument immaculé.

M. Bérenger. Parfaitement !

M. Léopold Thézard. Mais, précisément, nous dit-on, dans tout cela, le particulier ou la compagnie à laquelle s'adressera la demande d'emploi saura faire la distinction. Ce n'est pas une condamnation pour délit de chasse ou de pêche ou même une condamnation pour tel autre délit plus grave, si elle est déjà ancienne, pour outrage à un garde champêtre, pour bris de réverbère, pour blessure ou homicide par imprudence, ce n'est pas, dis-je, une telle condamnation qui empêchera d'accepter les services du postulant. Au besoin, on prendra des renseignements, on se préoccupera plus soigneusement alors des circonstances du fait, et de la conduite ultérieure de la personne condamnée. Solution désirable, assurément ! mais c'est justement là qu'est l'erreur et c'est ici qu'apparaît ce fait d'observation que vous signalait tout à l'heure l'honorable M. Bérenger et d'où résulte le mal auquel nous avons l'intention de remédier.

Si la demande d'emploi s'adresse à un simple particulier, il est très difficile d'exiger de lui qu'il entre dans cet examen approfondi des circonstances de la condamnation. Pour beaucoup de gens, c'est trop présumer de leur clairvoyance ou de leur esprit d'humanité. A l'inspection du casier révélant une condamnation même minime, ils n'ont qu'une pensée : ils ont affaire à un repris de justice, et la chose est jugée, c'est une fin de non-recevoir.

Si on s'adresse aux grandes compagnies, les compagnies de chemins de fer, par exemple, le même phénomène se reproduit avec une physionomie peu différente. Ces compagnies, vous le savez tous, sont assaillies d'innombrables demandes, et il leur est impossible de faire une enquête sur chacun des postulants en particulier ; on est donc obligé de recourir à des procédés d'élimination en quelque sorte automatiques, mécaniques, et l'inspection du casier judiciaire est un de ces procédés ; la candidature est repoussée sans être examinée en elle-même.

Dans la commission, un de nos honorables collègues nous disait :

« Ces condamnations minimes, dont on reconnaît la cause à première vue, ne sont jamais un obstacle sérieux ; je pourrais, ajoutait-il, citer un condamné pour délit de chasse que son casier n'a pas empêché de devenir premier président. »

Son casier ne l'a pas empêché de devenir premier président ; soit ! il l'aurait certainement empêché de devenir homme d'équipe. (*Rires.*)

M. Bérenger. Et même balayeur de la ville de Paris !

M. Léopold Thézard. Il arrive ainsi par une fatalité de fait, qui n'est pas rationnelle, si vous voulez, mais qui existe, que, pour une faute insignifiante ou depuis longtemps réparée par la bonne conduite, un homme se voit préférer un autre candidat qui, au fond, n'offre pas les mêmes garanties au point de vue moral. Est-ce que vous croyez, par exemple, qu'un homme qui a été déchu de la puissance paternelle, qu'un officier ministériel qui a été destitué, dans le cas même où on n'a pas prononcé spécialement l'incapacité électorale, qu'un homme qui a été destitué de la tutelle, qu'un individu contre lequel le divorce a été prononcé pour certaines causes, ne sont pas aussi indignes que celui qui a été condamné à 16 francs d'amende pour un délit ou une contravention insignifiante ? Et cependant le casier judiciaire, dont M. le Garde des Sceaux voulait faire tout à l'heure le miroir fidèle, l'expression absolue de la moralité des gens, dénoncera celui qui aura encouru 16 francs d'amende pour délit de chasse et ne dénoncera pas le père indigne qui aura été déchu de la puissance paternelle.

De là cette conséquence déplorable : l'homme qui a un casier judiciaire, portant une condamnation quelconque, sera repoussé de tous les emplois ; cet homme se trouvera rejeté à la misère et, souvent aussi, il faut le dire, à la criminalité véritable.

C'est à ce mal, Messieurs, que nous avons voulu remédier. Nous avons considéré qu'il y avait là un intérêt social à laisser dans l'ombre ces petites condamnations qui ne sont en somme que des misères, et qui ne peuvent pas être la mesure de la moralité des personnes. (*Très bien ! très bien ! sur divers bancs.*)

Nous nous sommes dit : ce discernement nous ne pouvons pas l'exiger des individus auprès desquels se présentent les solliciteurs d'emplois, le législateur peut le manifester lui-même, et c'est ainsi qu'après des discussions très approfondies, avec une grande circonspection, nous avons essayé de dégager toutes ces petites condamnations qui, en réalité, ne portent pas atteinte à l'honneur et à la probité.

On pourra critiquer, discuter notre œuvre dans les détails, mais le principe lui-même nous en semble évident. (*Très bien !*)

Tout cela, nous dit-on, est un peu arbitraire : pourquoi, par exemple, effacez-vous les condamnations à 25 francs d'amende et n'effacez-vous pas les condamnations à 50 francs ? Pourquoi, dans telle autre hypothèse, les condamnations avec sursis à un mois de prison ou moins d'un mois sont-elles effacées et n'efface-t-on pas celles qui porteraient six semaines ou deux mois d'emprisonnement ?

Oui, sans doute, il y a là un arbitraire, mais il est fatal, inévitable, toutes les fois que l'on veut trouver une limite : cet arbitraire n'est-il pas fatal et inévitable aussi dans les décisions de la justice quand elle se meut entre un maximum et un minimum ? Pourquoi le juge donne-t-il un mois de prison au lieu de six semaines, deux mois au lieu de trois, par une sorte d'inspiration dont il lui est difficile de se rendre compte, mais qui dérive de l'arbitraire ? L'arbitraire, en semblable matière, est fatal. La perfection est impossible ; mais parce qu'on ne peut pas arriver à la perfection, est-ce une raison pour rejeter un progrès ?

On nous a fait encore cette autre objection : mais alors, vous faites une situation plus défavorable à celui qui n'aura effectivement aucune condamnation. Il n'en pourra pas justifier. Quand il présentera son bulletin n° 3, on lui dira toujours : « Cela ne nous garantit pas que vous n'ayez pas été condamné à 16 francs d'amende pour délit de chasse, ou à 20 francs, pour délit de pêche ! Cela ne nous garantit pas que vous n'avez pas encouru quelqu'une de ces minimes condamnations que les tribunaux infligent pour des peccadilles ! »

Je n'attache pas, quant à moi, autrement d'importance à cet argument. Le casier judiciaire est une preuve de moralité purement négative. On peut avoir un casier judiciaire immaculé et être un parfait malhonnête homme. Il n'a donc qu'une valeur négative qu'il conserve tout entière lorsqu'on en efface des condamnations minimes qui ne sont pas plus graves que les quelques condamnations civiles auxquelles je faisais allusion tout à l'heure. Ce qu'il résultera de là, lorsqu'on aura des doutes sur la virginité absolue du casier judiciaire, c'est qu'on sera amené à faire de plus près cette enquête individuelle qui serait désirable dans tous les cas, à reconnaître la véritable valeur morale de l'homme ; mais je dénie au casier judiciaire, de quelque façon que vous l'organisiez, cette qualité de pouvoir être un critérium, une mesure adéquate de cette valeur morale de l'homme.

Franchement, peut-on dire *a priori* : celui-là qui présente aujourd'hui un casier judiciaire absolument blanc offre, par ce seul fait, plus de garanties d'honnêteté, de probité, que tel autre dont le casier judiciaire porte une condamnation insignifiante ? Evidemment non.

La mesure de la moralité ne peut résulter que de l'examen individuel, le casier judiciaire ne peut donner qu'une approximation...

M. Bérenger. Très bien !

M. Léopold Thézard... et nous ne voulons pas que cette approximation soit une cause d'erreur, en grossissant outre mesure, par leur inscription sur un document judiciaire, des faits qui constituent en réalité des fautes absolument vénielles.

Vous verrez, en examinant le détail, si nous avons bien choisi les limites que nous avons adoptées, si nous avons été trop sévères, ou, au contraire, trop indulgents, mais, quant au principe lui-même, il me semble absolument incontestable.

Et enfin, Messieurs, pour terminer ces observations, ne m'est-il pas permis de reprocher une inconséquence au système auquel s'est rallié M. le Garde des Sceaux ?

Il estime, en principe, que toute condamnation, si minime qu'elle puisse être, doit être inscrite au bulletin ; sans cela, dit-il, le bulletin n'est pas sincère, c'est un instrument de tromperie à l'égard des tiers ;

Il repousse donc toutes les exceptions, si faibles que soient les condamnations ; et cependant, voici qu'immédiatement après il admet que des condamnations, même graves, même très graves, doivent disparaître du casier judiciaire au bout d'un certain temps et par le seul effet du temps. Ainsi, ce bulletin n° 3, qu'il repousse dans l'article 7, il le fait reparaître dans l'article 8 du projet de la commission, auquel il donne son adhésion.

Bien plus, il admet, au moyen d'un temps plus long et également gradué, la réhabilitation de plein droit s'opérant au profit du condamné !

Mais je m'en tiens à la question du casier judiciaire.

M. le Garde des Sceaux admet avec l'article 8 du projet de la commission qu'une condamnation à six mois de prison, quelle qu'en soit la cause, pourvu qu'elle soit unique, doit disparaître de plein droit de ce casier au bout de cinq ans. J'accepte, Messieurs, cette solution, mais je considère qu'elle doit entraîner, à plus forte raison, celle que nous vous proposons.

Et d'abord, ne m'est-il pas permis de dire que ces limitations, quant à la durée des peines et quant aux délais après lesquels la disparition du casier serait acquise, encourent exactement le même reproche d'arbitraire que l'on faisait tout à l'heure aux dispositions de notre article 7 ? D'un autre côté, quelle sera la conséquence du système qui vous est proposé par M. le Garde des Sceaux ? La voici :

Un individu, il y a cinq ans, condamné à six mois de prison pour vol, pour escroquerie, pour attentat aux mœurs, ira présenter, le lendemain de la cinquième année, un casier judiciaire absolument immaculé. Ce voleur, cet escroc, cet homme qui aura outragé les mœurs verra effacer la trace même de sa condamnation. Et celui qui, il y a quatre ans et onze mois, aura été condamné à 16 fr. d'amende pour délit de chasse, pour délit de pêche ou pour n'importe quel délit se rapprochant de la contravention, celui-là verra cette condamnation inscrite à son casier judiciaire ; et s'il y a un emploi à donner à l'un des deux, c'est le premier qui sera préféré, parce qu'il aura présenté un casier judiciaire intact.

On disait tout à l'heure que le casier judiciaire ne devait pas être un instrument de tromperie à l'égard des tiers. Je vous demande si, dans ce cas, la tromperie ne sera pas plus grave que dans notre système qui efface, *de plano* et dès le premier moment, les condamnations minimes et certaines condamnations uniques ?

L'exemple que je viens de citer suffit, il me semble, pour juger le système hybride qui vous est présenté par M. le Garde des Sceaux. J'admets moi aussi qu'au bout d'un certain temps toutes les condamnations puissent disparaître du casier judiciaire ; mais admettez au moins que ces condamnations minimes qui ne témoignent vraiment d'aucune immoralité chez ceux qui en ont été frappés disparaissent aussitôt et que ceux qui les ont encourues ne se trouvent pas dans une situation pire que celle des coupables plus notoires.

Notre système, Messieurs, celui que la commission vous présente, celui que je vous demande d'adopter, n'est pas parfait, je l'ai déjà dit, — la perfection n'est pas de ce monde, — mais il constitue, à nos yeux, un progrès réel dans la voie de l'humanité, et, par là même, j'ose le dire, dans la voie de la justice sociale. (*Très bien ! très bien ! sur un grand nombre de bancs.*)

M. le président. Personne ne demande plus la parole ?...

Je donne une nouvelle lecture du paragraphe 1er de l'article 7 :

« Ne sont pas inscrites au bulletin n° 3 :

« 1° Les décisions prononcées par application de l'article 66 du Code pénal. »

M. le Garde des Sceaux. Le Gouvernement accepte ce premier paragraphe.

M. le président. Je mets aux voix le paragraphe 1er proposé par la commission et accepté par le Gouvernement.

(Le paragraphe 1er est adopté.)

M. le président. « 2° Les condamnations à moins de six jours de prison ou à une amende ne dépassant pas 25 francs ou à ces deux peines réunies. »

La parole est à M. de Chamaillard.

M. Ponthier de Chamaillard. Messieurs, j'ai l'intention de demander au Sénat de ne pas adopter le paragraphe 2 de l'article 7 qui est proposé par la commission ; mais, avant de présenter les observations que me suggère cette question, je désirerais être bien d'accord avec l'honorable rapporteur sur la portée exacte de ce paragraphe 2. Il est ainsi conçu :

« 2° Les condamnations à moins de six jours de prison ou à une amende ne dépassant pas 25 francs, ou à ces deux peines réunies. »

Ce paragraphe 2 comprend-il absolument toutes les condamnations pour quelque cause que ce soit ? S'applique-t-il notamment aux condamnations à moins de six jours de prison soit pour vol, soit pour outrage public à la pudeur ?

Voilà la première question que je désire poser à la commission. Selon la réponse qui me sera faite, j'aurai quelques observations à présenter.

M. le rapporteur. Mon honorable collègue me permettra de lui dire que le rapporteur est personnellement l'adversaire du bulletin n° 3.

En ce qui concerne le paragraphe 2 que propose la commission, le sens en est absolu : il vise toutes les condamnations à moins de six jours de prison ou à une amende ne dépassant pas 25 francs ou à ces deux peines réunies.

C'est le projet déposé par le Gouvernement sur lequel le Sénat est appelé à se prononcer.

M. Ponthier de Chamaillard. C'est parfaitement entendu ; je vais alors discuter en toute liberté, et j'espère apporter au Sénat quelques éclaircissements sur la portée de cette disposition.

Qu'est-ce qu'on vous demande lorsqu'on vous demande de voter ce paragraphe ? On vous demande de décider qu'un individu ne portera pas sur son casier judiciaire des condamnations à cinq jours de prison pour outrage public à la pudeur, des condamnations à cinq jours de prison pour vol, toutes condamnations qui entraînent des déchéances au point de vue civil et au point de vue politique ; on met ainsi les citoyens dans l'impossibilité d'exercer leurs droits sous différents rapports que je vais avoir l'honneur de vous indiquer. ·

Aux termes de l'article 283 du Code de procédure civile, ne doit pas être entendu dans sa déposition, quand il est reproché, le témoin qui a encouru simplement une peine d'un jour de prison pour vol. Je demande s'il n'est pas nécessaire que, sur le casier judiciaire, figure une condamnation qui emporte en elle-même une déchéance dont l'application peut être demandée ?

Veuillez remarquer, Messieurs, que s'il arrivait à un plaideur de reprocher un individu, en lui disant qu'il a commis un vol et qu'il a, pour ce fait, été condamné à une peine de vingt-quatre heures de prison, cet individu aurait, si le casier judiciaire n'est pas publié, c'est-à-dire s'il ne doit pas être communiqué, le droit de ne pas répondre à la question qui lui aurait été posée. En tout cas, c'est une preuve qui échappe absolument. Je signale cet inconvénient ; il y en a beaucoup d'autres.

On ne portera pas sur le casier judiciaire les condamnations prononcées pour vol ou pour outrage public à la pudeur, condamnations qui enlèvent à ceux qui les ont encourues le droit d'être jurés soit dans les affaires civiles, s'il s'agit d'expropriations, soit dans les affaires criminelles, à la cour d'assises. Eh bien, je fais remarquer le grand inconvénient qui en résultera.

Il est incontestable qu'il faut que la déchéance de droit de ces individus soit connue par cet acte qui s'appelle le casier judiciaire n° 3, ne serait-ce que pour permettre d'élucider facilement cette question.

M. Léopold Thézard. Elle est connue des magistrats par les bulletins n° 1 et n° 2.

M. Ponthier de Chamaillard. Il est évident qu'elle est connue des magistrats, mais elle ne l'est pas des particuliers, et, si elle n'est pas connue des particuliers, qu'est-ce qui permettra à un individu qui va être jugé, contrairement à sa volonté, par un citoyen qui a perdu ses droits de citoyen et ne peut pas, par suite, être membre du jury, de connaître la vérité et de la faire valoir, d'exiger la preuve à laquelle il a droit ?

M. Bérenger. Le particulier dont vous parlez, qui a intérêt à connaître la vérité, ne peut pas exiger de la personne qu'il soupçonne avoir été condamnée qu'elle lui apporte son casier judiciaire. Il fera part de ses soupçons au magistrat dont il est justiciable. Ce magistrat se fera représenter le casier ; le bulletin qu'on lui fournira sera le bulletin n° 2, qui contient toutes les condamnations sans exception.

M. Ponthier de Chamaillard. Il résulte de l'explication de M. Bérenger que si j'ai, la veille du jour où je devrai plaider une affaire, un doute, un soupçon, le procureur de la République sera obligé de faire les recherches que je lui demanderai et de me faire, à moi, la déclaration que vous voulez cependant tenir secrète.

Or, de deux choses l'une : ou le casier judiciaire doit être livré dans l'intérêt public comme dans l'intérêt des particuliers, ou, au contraire, il doit être tenu absolument secret.

S'il est absolument secret, il est certain que ce n'est pas sur la requête, au dernier moment, d'un particulier, que M. le procureur de la République aura le droit de faire une exception au principe qu'on aura posé dans la loi. ·

M. Bérenger. Le procureur de la République a, parmi ses attributions, la mission de tenir compte des incapacités, de faire exécuter un jugement d'où résultent des incapacités. Par conséquent, il suffira de lui dénoncer les faits pour qu'il ait le droit de réclamer le bulletin.

M. Ponthier de Chamaillard. De sorte que M. le procureur de la République devra me délivrer, à moi particulier, ou avocat, je suppose, plaidant dans une affaire, ce bulletin que vous voulez absolument secret! (*Très bien !*)

M. Bérenger. Il ne le délivrera pas : il fera connaître ce qu'il comporte.

M. Ponthier de Chamaillard. J'arrive à un autre inconvénient du bulletin n° 2 et j'espère être plus heureux dans la démonstration que je tenterai auprès de mes collègues, notamment auprès de l'honorable M. Bérenger.

Je veux parler des incapacités électorales.

Je sais pertinemment qu'un individu a été condamné à cinq jours de prison pour vol. Il se présente dans la commune où je me présente moi-même ; il est inscrit sur les listes électorales. Voulez-vous me dire par quel moyen je pourrai obtenir qu'il soit radié conformément à la loi et au décret de 1852 ?

Si je dis, en effet, au maire de la commune : « Vous allez rayer cet individu parce qu'il a été condamné, je le sais », le maire, quelle que soit sa bonne volonté, ne pourra pas avoir la preuve juridique de l'affirmation que j'apporterai devant lui. (*Dénégations.*)

Il fera venir cet individu et lui dira : « Vous avez été, paraît-il, condamné ; pour prouver que l'assertion est fausse, vous allez présenter votre bulletin n° 2. » Or comme ce bulletin ne lui sera pas délivré, il ne pourra apporter que le bulletin n° 3 qui ne contiendra pas la preuve de cette condamnation qui le rend inéligible, qui lui enlève l'électorat.

Et je serai dans le même embarras lorsque, après les opérations électorales, je voudrai faire invalider l'élection de cet individu condamné pour vol, pour outrage public à la pudeur ; je dirai : « Cet homme n'est pas éligible. » Eh bien, il ne pourra pas être forcé d'apporter lui-même la preuve de son éligibilité. Et alors que tous les citoyens sont obligés de prouver, à un moment donné, qu'ils ne doivent pas injustement subir le reproche qui leur est adressé, s'ils sont témoins ; qu'ils ne doivent pas être l'objet d'une récusation, s'ils sont jurés ; que leur élection ne saurait sérieusement être contestée, s'ils se sont présentés comme candidats à une fonction élective, il se trouvera que la preuve sera interdite au détriment de tous.

De sorte que le véritable objet de la disposition semble être que désormais, dans de certaines matières très importantes, il devienne impossible de distinguer les honnêtes gens de ceux qui ne le sont pas. (*Très bien ! très bien ! à droite.*)

Il faut au moins, à mon sens, que cet article 7, § 2, soit modifié par une addition, et qu'il soit ajouté au texte :

« Les condamnations à moins de six jours de prison ou à une amende ne dépassant pas 25 francs, ou à ces deux peines réunies » ces mots : « lorsqu'elles n'emporteront pas déchéance de droits civils ou politiques. »

Si vous n'apportez pas, effectivement, cette restriction qui me paraît absolument nécessaire, si vous n'ajoutez pas ces mots au texte du paragraphe 2, il me paraît indiscutable que, dans des affaires graves, sérieuses, les droits des citoyens seront compromis, que la loi ne pourra pas être appliquée et notamment à la requête de ceux qui auront intérêt, comme ils en auront la volonté, d'en revendiquer l'application.

Savez-vous encore quels sont les abus singuliers qui peuvent se produire en certaines matières ? C'est la complicité, par exemple, de certaines municipalités, lors de la confection des listes électorales, complicité grâce à laquelle des individus ne devant pas être maintenus sur les listes seront, malgré la loi, malgré le texte du décret de 1852, considérés comme électeurs, bien plus, comme éligibles.

Je ne pense pas, en effet, qu'un conseil de préfecture, saisi par exemple, d'une protestation en matière d'élections municipales, ait le droit, si votre loi est votée telle qu'elle est faite, de dire à celui dont l'élection est attaquée, qu'il devra apporter la justification qu'il n'a pas été condamné à une peine emportant une déchéance quelconque, lorsqu'il s'agit, bien entendu, d'une peine ne dépassant pas six jours de prison.

En principe, par conséquent, je demande le rejet du paragraphe 2 de l'article 7. Si ce rejet n'est pas prononcé, je demande, tout au moins, que ce paragraphe 2 ne soit maintenu qu'avec l'addition que je viens d'indiquer au Sénat et dont je vais faire l'objet d'un amendement écrit. (*Très bien ! très bien ! à droite.*)

M. Bérenger. Je demande la parole.

M. le président. La parole est à M. Bérenger.

M. Bérenger. Je demande au Sénat la permission de lui apporter quelques explications qui seraient peut-être mieux placées dans la bouche de M. le rapporteur, mais je crois qu'il n'était pas partisan de l'adoption du paragraphe dont il s'agit...

M. le rapporteur. Je suis en effet d'avis de le rejeter.

M. Bérenger. Il serait gêné, probablement, pour vous donner ces explications, et c'est pour cela que je me présente à la tribune à sa place.

Je n'ai pas besoin de dire au Sénat que la commission n'a nullement voulu chercher à relever, par un moyen indirect, les individus condamnés à des peines portant privation des droits politiques ou civils des incapacités qui doivent résulter de leur condamnation. Elle n'a jamais eu cette intention et le texte qu'elle propose ne leur permettrait nullement de s'y soustraire : je crois assez facile de l'établir.

Notre honorable collègue, M. de Chamaillard, a supposé plusieurs cas. L'un de ces cas est celui-ci : un individu doit être témoin dans une affaire, et il y a quelque intérêt à pouvoir établir qu'il a subi à cet égard une incapacité qui ne permet pas d'accepter son témoignage.

On nous a présenté ensuite cet autre cas : au moment de l'exercice des droits électoraux, il peut se faire que tels électeurs soient soupçonnés d'avoir subi des condamnations les privant du droit de vote ; et, du fait que le bulletin à délivrer aux parties ne mentionnerait pas ces condamnations, notre collègue induit ceci : que, fatalement, il serait impossible de prouver l'existence de cette incapacité.

Il me permettra de lui dire qu'il se trompe, et il me suffit, pour le prouver, de rappeler la pratique en pareille matière.

Remarquez que la proposition de notre honorable collègue consistant à inscrire la condamnation entraînant l'incapacité sur le bulletin n° 3, n'entraînera pas les conséquences qu'il recherche, attendu que le juge — ou le maire, s'il s'agit de droits électoraux — qui aura le droit de constater la condamnation, n'a aucune espèce de moyens de contraindre l'individu suspect à apporter son bulletin. On le lui réclamera ; mais s'il ne lui convient pas de l'apporter, je vous défie bien de trouver un moyen de contrainte pour l'y forcer ; de sorte que le point de savoir si, à ce point de vue, il est inutile d'inscrire cette condamnation sur le bulletin n° 3, ne me semble pas faire question. Cela ne servirait à rien.

Mais alors, quel moyen prendra-t-on ? Celui qu'on emploie journellement, à l'heure actuelle.

Un individu vient déposer, il ne peut pas prêter serment, parce que le droit de déposer n'existe plus pour lui ; le prévenu ou son défenseur, ou, s'il s'agit d'une instance civile, la personne intéressée signalera le fait que cet individu a subi une condamnation et le magistrat, usant du pouvoir propre qui lui appartient — je crois que M. le Garde des Sceaux sera de mon avis à cet égard et je vois qu'il veut bien me faire un signe d'assentiment — le magistrat, qui a le droit de se faire délivrer l'intégralité du bulletin judiciaire, se renseignera.

M. de Chamaillard. Même en matière civile ?

M. Bérenger. Absolument, même en matière civile ! Remarquez qu'il est du devoir des membres du Parquet de faire exécuter les décisions portant incapacité de droits civils ou de droits politiques, et, par conséquent, le Parquet sera absolument armé pour réclamer le renseignement et l'apporter.

Quant au maire, le cas me semble être encore plus péremptoire.

Vous avez, dans le projet même, un article qui ne fait que rendre légale une disposition qui existe aujourd'hui en vertu des circulaires et cette disposition c'est que, lorsqu'une condamnation entraînant la privation des droits politiques est prononcée, le procureur de la République doit immédiatement en envoyer un extrait au maire de la commune où est né l'individu. De sorte que le maire, au fur et à mesure que des condamnations sont prononcées, reçoit tous les renseignements utiles pour dresser ses listes électorales et pour en exclure les gens qui ne doivent pas y figurer.

Mais je suppose qu'il y ait eu une erreur, une inexactitude, une omission. Je suppose que le maire n'ait pas établi ses listes avec assez de soin. Notre honorable collègue supposait même de sa part une partialité qui, je l'espère, n'existerait pas... (*Exclamations et rires sur quelques bancs.*)

Mais enfin, supposons que, par hasard, il puisse se rencontrer un maire qui, sciemment, ait introduit sur les listes électorales un certain nombre d'électeurs qui soient privés du droit de voter. Permettez-moi de dirè que, dans ce cas, il y a plusieurs moyens de s'y prendre.

On peut d'abord dénoncer ce maire ; et le magistrat auquel le maire sera dénoncé prendra les renseignements et interviendra si cela est utile. D'abord, j'imagine que l'acte très blâmable du maire serait réprimé ; en second lieu, la liste sera rétablie d'une façon régulière.

Mais, sans aller si loin, le maire auquel on dénoncera le fait a le droit, comme magistrat administratif ayant le devoir de veiller à la composition légale des listes électorales, de réclamer au lieu de naissance de l'individu un extrait de la condamnation, s'il suppose qu'une condamnation a été prononcée.

Dans ces conditions, messieurs, le remède qu'on vous propose n'aurait aucune espèce d'efficacité et il est inutile de rien ajouter aux dispositions actuelles.

M. Léopold Faye. Il y a l'appel devant le juge de paix.

M. le rapporteur. Je demande la parole.

M. le président. La parole est à M. le rapporteur.

M. le rapporteur. Messieurs, un mot d'explication d'abord, sur la situation de la commission.

Nous nous sommes trouvés partagés dans la commission : deux membres partisans du maintien de cet article 7 et deux adversaires; puis l'honorable M. Cazot, qui n'est partisan ni de l'un ni de l'autre système, puisqu'il repousse le bulletin n° 3 et qu'il est partisan de la clandestinité absolue du casier judiciaire. Mais, pour que la question pût être discutée devant le Sénat, M. Cazot s'est rallié aux deux membres qui soutiennent l'article.

Voilà les conditions dans lesquelles la commission se présente devant vous.

Un mot de réponse, maintenant, aux observations de l'honorable M. Bérenger en réponse à celles présentées par l'honorable M. de Chamaillard.

M. de Chamaillard, avec sa grande expérience des affaires, vous a indiqué une série de circonstances où il est indispensable de produire un bulletin n° 3 qui contienne toutes les condamnations entraînant une incapacité quelconque.

Tout d'abord il vous a parlé de la situation des témoins devant la juridiction civile. Voilà une affaire où il sera nécessaire d'entendre un certain nombre de témoins. Chacun des avoués fait sa liste. Comment voulez-vous, si les témoins ne sont pas obligés de produire un bulletin contenant toutes les condamnations à l'emprisonnement, que les adversaires sachent...

M. Léopold Thézard. On ne peut pas forcer un témoin à produire son casier judiciaire. Je crois qu'il aurait le droit de protester, et jamais cela ne s'est fait !

M. le rapporteur. Permettez ! Il peut y être obligé, et alors, s'il produit un bulletin qui ne soit pas un bulletin n° 2 complet, vous ne pourrez évidemment pas savoir s'il est reprochable ou s'il ne l'est pas.

M. Léopold Thézard. Pas davantage aujourd'hui, puisque vous ne pouvez jamais, je le répète, forcer un témoin à produire son casier judiciaire.

M. Ponthier de Chamaillard. Je demande la parole.

M. le rapporteur. Je vous en demande bien pardon, monsieur Thézard. En matière d'élection, la situation sera encore bien plus grave, et ce n'est pas sur l'espèce que citait M. de Chamaillard que je demande au Sénat la permission d'appeler son attention.

En matière d'élection, voilà un candidat auquel on reproche d'avoir subi une condamnation à vingt-quatre ou quarante-huit heures de prison pour un fait quelconque, infamant ou non.

Que la loi soit votée telle qu'elle est présentée et ce candidat est dans l'impossibilité la plus absolue de prouver qu'il n'a pas subi cette condamnation.

Comment voulez-vous, en effet, qu'il fasse pour l'établir ? Il demandera l'extrait de son casier judiciaire ; on lui délivrera le bulletin n° 3 dans les conditions prévues par la loi. Comme ce bulletin ne contient que les condamnations au-dessus de six jours de prison, son bulletin n° 3 ne prouvera absolument rien.

Dans ces conditions, il est donc indispensable pour établir qu'on n'a pas subi de condamnation, que le bulletin n° 3, au point de vue de la quotité des condamnations, comprenne toutes les condamnations entraînant les incapacités quelconques.

C'est pour ces motifs, Messieurs, que nous nous sommes ralliés dans la commission, M. Morellet et moi, à la suppression du paragraphe 2 de cet article.

M. Ponthier de Chamaillard. Et vous avez bien fait !

M. le rapporteur. J'ajoute un dernier mot : on a parlé dans ce paragraphe des condamnations à 25 francs d'amende et cinq jours de prison. Or, cinq jours de prison, c'est une peine de police correctionnelle. Pourquoi 25 francs d'amende ? Pourquoi ne pas prendre 50 francs ou bien 16 francs ? Du moment où vous fixez un maximum vous tombez dans l'arbitraire le plus absolu.

Dans ces conditions, je crois qu'il n'y a qu'une seule chose à faire, c'est de repousser le paragraphe. J'estime que sa suppression s'impose et son maintien présenterait les plus grands inconvénients. (*Approbations sur plusieurs bancs.*)

M. le président. Quelqu'un demande-t-il la parole ?

M. le Garde des Sceaux. Le Gouvernement repousse le paragraphe ; je n'ai pas besoin d'expliquer pourquoi : je l'ai fait à la tribune tout à l'heure.

M. le président. La parole est à M. de Chamaillard.

M. Ponthier de Chamaillard. Je voudrais simplement, en réponse à l'honorable M. Bérenger, présenter une hypothèse qui me paraît de nature à convaincre le Sénat. Un procès a lieu devant le tribunal de commerce où il n'y a pas de représentant du ministère public ; j'ai intérêt à reprocher un témoin ; la partie adverse ne veut pas qu'il soit reproché ; je sais pertinemment qu'il a été condamné, il ne veut pas l'avouer.

Il faut que le tribunal sache la vérité. Cet homme a été condamné pour vol, je ne veux pas qu'il soit entendu dans la cause qui se débat.

Si le tribunal de commerce comprend à merveille que son témoignage est d'une essentielle importance dans le débat, il mettra, quoi qu'en dise l'honorable M. Thézard, au pied du mur le témoin récalcitrant, et lui dira : « L'allégation est formelle ; le fait est précis, apportez votre casier judiciaire. »

Plusieurs sénateurs. Il ne l'apportera pas !

M. Ponthier de Chamaillard. Il l'apportera, s'il veut être entendu, et en apportant son casier, il fera la preuve à laquelle le plaideur a droit sur la question de récusabilité. Voilà un exemple.

J'en prends un autre en matière politique. J'ai contesté l'inscription de plus de dix citoyens ; je soutiens qu'ils sont illégalement inscrits sur les listes électorales, par application du décret de 1852, article 16, qui a prescrit certaines incapacités électorales résultant de condamnations. Devant le juge de paix j'affirme les condamnations, j'en donne la date, je les indique ; comment faire la preuve ? En exigeant la production du bulletin n° 3, si le bulletin n° 3 porte le genre de condamnations auxquelles je fais allusion.

M. Bérenger. Le juge de paix a le droit de se faire délivrer le casier judiciaire.

M. Ponthier de Chamaillard. Alors, dites-le dans la loi.

M. Bérenger. C'est de pratique constante.

M. Léopold Thézard. C'est dans l'article précédent.

M. Ponthier de Chamaillard. Si cela était dit dans l'article précédent, je n'aurais pas pris la parole ; mais il me semble que l'article qui prévoit qu'on enverra aux administrations toutes les condamnations qui entraînent l'incapacité électorale ne mentionne pas les condamnations qui emportent d'autres déchéances. J'ajoute qu'il me paraît impossible que des particuliers puissent invoquer des causes d'inéligibilité lorsqu'ils ne peuvent pas faire la preuve qui résultera de l'indication de la date des condamnations par la présentation du casier judiciaire.

Je demande donc au Sénat de rejeter le paragraphe 2 de l'article 7.

M. le président. M. de Chamaillard demande le rejet du paragraphe 2 de l'article 7.

Ceux qui seront de son avis voteront contre ce paragraphe. Si le paragraphe n'est pas rejeté, je consulterai le Sénat sur la disposition additionnelle proposée par M. de Chamaillard.

Je donne lecture du paragraphe 2 :

« 2° Les condamnations à moins de six jours de prison ou à une amende ne dépassant pas 25 francs ou à ces deux peines réunies. »

Le Gouvernement repousse ce paragraphe.

Je consulte le Sénat.

(Le paragraphe 2 n'est pas adopté.)

M. le président. Paragraphe 3. — « 3° Les condamnations effacées par la réhabilitation ou par l'application de l'article 4 de la loi du 26 mars 1891 sur l'atténuation et l'aggravation des peines. »

M. le rapporteur. Monsieur le président, il faudrait ajouter le mot « l'amnistie » et dire : « 3° Les condamnations effacées par l'amnistie, la réhabilitation, etc... »

M. le président. Le troisième paragraphe serait alors ainsi conçu :

« 3° Les condamnations effacées par l'amnistie, par la réhabilitation ou par l'application de l'article 4 de la loi du 26 mars 1891 sur l'atténuation et l'aggravation des peines. »

M. le Garde des Sceaux. Le Gouvernement accepte cette rédaction.

M. le président. Je mets aux voix le paragraphe 3 ainsi modifié.

(Le paragraphe 3 est adopté.)

M. le président. Paragraphe 4. — « 4° Les déclarations de faillite ou de liquidation judiciaire et les décisions disciplinaires autres que la destitution. »

Le gouvernement accepte-t-il ce paragraphe ?

M. le Garde des Sceaux. Le Gouvernement repousse le paragraphe 4. Avant la 2° lecture, il y aura peut-être lieu d'examiner s'il y a une distinction à faire entre la faillite et la liquidation judiciaire. J'examinerai ce point avec la commission.

M. le président. Je mets aux voix le quatrième paragraphe.

(Le quatrième paragraphe n'est pas adopté.)

M. le président. « 5° Les condamnations pour délits politiques et pour délits prévus par les lois sur la presse, à l'exception de celles qui ont été prononcées pour diffamation ou pour outrages aux bonnes mœurs, ou en vertu des articles 23, 24 et 25 de la loi du 29 juillet 1881. »

M. le Garde des Sceaux. Le Gouvernement repousse ce paragraphe.

M. le président. Je mets aux voix le cinquième paragraphe.

(Le cinquième paragraphe n'est pas adopté.)

M. le président. Sur le paragraphe 6, il y a un amendement de M. Bérenger.

M. Bérenger. J'ai reçu satisfaction, monsieur le président.

M. le président. Je donne lecture du paragraphe 6 :

« 6° Les condamnations prononcées à l'étranger pour des faits non prévus par les lois pénales françaises. »

M. le Garde des Sceaux. Le Gouvernement accepte ce paragraphe.

M. le président. Je mets aux voix le paragraphe 6.

(Le paragraphe 6 est adopté.)

M. le président. « 7° Une première condamnation à un emprisonnement de trois mois prononcée par application des articles 67, 68 et 69 du Code pénal. »

M. Bérenger. Je demande la parole.

M. le président. La parole est à M. Bérenger. (*A demain ! à demain !*)

M. Bérenger. Messieurs, c'est un simple mot d'explication que je veux donner.

L'article, au lieu de donner la qualification du délit, indique simplement les articles du Code qui le punissent.

Quelques-uns de nos collègues ne se rendent pas compte du fait dont il s'agit et qu'on voudrait voir exclu de l'extrait du casier n° 3.

C'est le fait de la condamnation prononcée contre un mineur de seize ans. Vous savez que, lorsqu'un mineur de seize ans est poursuivi, le tribunal peut adopter deux solutions. Il doit apprécier la question de discernement ; s'il déclare qu'il n'y a pas eu discernement, il acquitte le mineur ; mais c'est un acquittement qui est plutôt fictif que réel, puisqu'il envoie l'enfant dans une maison de correction, dans une colonie pénitentiaire...

M. Legludic. Pas toujours !

M. Bérenger... et il peut l'y envoyer jusqu'à vingt et un ans, c'est-à-dire pendant six, huit, dix ans et quelquefois plus. Il a toujours été entendu que cette première condamnation ne devait pas figurer sur l'extrait du casier judiciaire remis au Parquet.

Il y a un second cas.

Le tribunal, quelquefois, mû par des considérations qui ne sont pas précisément tirées de la question de savoir s'il y a ou non discernement, qui sont de simples considérations d'humanité, se dit : Voilà un enfant dont la famille offre encore des garanties ; au lieu de l'enlever pendant six, huit, dix ans à ses parents, il vaut mieux lui appliquer une petite peine et le rendre aux siens qui se chargeront de le corriger. Alors, on reconnaît le discernement, on prononce une petite peine et l'enfant est rendu à sa famille.

La commission s'est demandé si les peines prononcées dans ces conditions à l'égard des mineurs de seize ans devaient figurer dans l'extrait n° 3, au risque de les empêcher de trouver, lorsque l'âge mûr sera arrivé, le placement qui leur permettra de revenir au bien.

Voilà, messieurs, les cas dont il s'agit.

M. le président. Quelqu'un demande-t-il encore la parole ?...

Je mets aux voix le paragraphe 7.

(Le paragraphe 7 est adopté.)

M. le président. « Paragraphe 8. »

Il y a sur ce paragraphe un amendement de M. Bérenger.

M. Bérenger. Je retire mon amendement pour la 1re délibération.

M. le président. M. Bérenger renonce à son amendement en 1re délibération.

Je donne lecture du paragraphe 8 :

« 8° Une première condamnation avec sursis soit à un mois ou moins d'un mois d'emprisonnement, soit à une amende supérieure à 50 fr., mais n'excédant pas 500 francs, prononcée pour un délit autre que le vol, l'escroquerie, l'abus de confiance ou l'attentat aux mœurs, prévu par l'article 334 du Code pénal pour outrage public à la pudeur, et le délit de l'article 400 du Code pénal. »

M. Léopold Thézard. Il faut effacer les mots « pour outrage public à la pudeur », qui ont été insérés par inadvertance.

M. le président. La commission me fait observer qu'il faut effacer les mots « pour outrage public à la pudeur ».

M. Bérenger. Je demande la permission de donner une courte explication.

Voix diverses. A demain ! — Parlez ! parlez !

M. le président. La parole est à M. Bérenger.

M. Bérenger. Messieurs, jusqu'à présent, la condamnation avec sursis est inscrite au casier judiciaire n° 1 et elle figure au n° 2.

M. le Garde des Sceaux. Avec mention du sursis.

M. Bérenger. C'est ce que j'ai d'ailleurs dit déjà tout à l'heure ;

elle figure au numéro 2 — qui deviendrait le n° 3 avec mention du sursis.

J'ai eu l'honneur de vous dire qu'on avait cru que, grâce à cette mention du sursis, les personnes qui peuvent donner du travail considéreraient que ces condamnations avec sursis, qui, en définitive, ne sont qu'un acte de pardon prononcé par le magistrat, ne devaient pas empêcher de confier un emploi ou du travail manuel à un individu condamné dans ces conditions. On s'est trompé. Il se trouve que, même lorsque le bulletin ne contient qu'une condamnation avec sursis, le travail est refusé, et qu'ainsi les intentions humanitaires et généreuses des magistrats ne sont nullement secondées.

Nous demandons que, par une innovation bien aisée à défendre, je crois, le Sénat décide que ces condamnations avec sursis, qui, probablement, ne seront pas exécutées, et qui, au bout de cinq ans, doivent disparaître du casier judiciaire, n'y seront pas inscrites lorsqu'elles seront inférieures à un mois de prison. (*Très bien ! très bien ! sur divers bancs.*)

M. le Garde des Sceaux. Je demande la parole.

M. le président. La parole est à M. le Garde des Sceaux.

M. le Garde des Sceaux. Messieurs, il m'est assurément pénible de me mettre en travers des intentions très charitables de l'honorable M. Bérenger.

J'ai tenu, dès le commencement de la discussion, à bien poser un principe, et maintenant je ne peux pas laisser faire brèche à ce principe qui doit dominer toute la matière : le casier judiciaire doit être sincère. (*Approbation.*)

Vous venez de faire, il y a un instant, une exception à laquelle je ne me suis pas opposé parce qu'il s'agissait de mineurs de seize ans et qu'il n'y a pas grande différence entre les mineurs de seize ans acquittés du premier paragraphe, auquel je m'étais rallié, et les mineurs de seize ans condamnés du paragraphe 7. Mais, en ce qui concerne l'idée nouvelle que l'on veut introduire dans le paragraphe 8, je crois qu'elle est en contradiction absolue avec le principe que nous avons établi et tout en regrettant de ne pas pouvoir m'associer à la bienveillance de l'honorable M. Bérenger, je vous demande de repousser l'amendement qu'il vous propose.

M. Paul Strauss. Mais, monsieur le Garde des Sceaux, vous y avez dérogé vous-même à votre principe dans l'article 1er, puisque vous avez admis la légitimité de certaines exceptions.

M. Léopold Thézard. Et vous y dérogerez encore bien plus dans l'article 8.

M. Bérenger. Messieurs, il serait vraiment regrettable, alors qu'il s'agit de condamnés intéressants, on ne peut pas le nier, que la magistrature a voulu sauver, qu'on arrivât à cette conséquence qu'ils seront perdus...

M. le marquis de Carné. Pourquoi perdus ?

M. Bérenger... parce qu'on mettra leur condamnation sur le casier judiciaire. (*Assentiment.*)

Je regrette de n'avoir pu convaincre M. le Garde des Sceaux, mais je lui soumets un nouveau motif pour exclure ces condamnations.

Le casier judiciaire, en principe, ne doit contenir que des condamnations définitives. Je vous le demande, une condamnation prononcée avec sursis est-elle une condamnation définitive ? (*Très bien ! très bien !*)

C'est une condamnation essentiellement conditionnelle et qu'il dépend du condamné de faire tomber. Dans ces conditions elle ne peut pas figurer au casier.

Un sénateur au centre. Il faut que le casier soit sincère !

M. Bérenger. Il faut que le casier soit sincère, dit-on ; mais permettez-moi de vous dire que les magistrats, quand ils sauront que le casier judiciaire ne portera pas cette condamnation, s'ils estiment la faute assez grave pour être signalée particulièrement, n'hésiteront pas à prononcer une condamnation à plus d'un mois, ce qui entraînera l'inscription au casier.

M. Ernest Boulanger. Mais c'est très fâcheux, cela !

M. Tillaye. Ce résultat serait très regrettable ! Les juges n'accorderaient peut-être plus de sursis !

M. Bérenger. Je ne le considère pas comme regrettable puisque, de cette façon, les magistrats seront associés à l'acte d'humanité que je demande au Sénat de sanctionner. (*Approbation.*)

M. le président. Je mets aux voix le paragraphe 8.

(Après deux épreuves déclarées douteuses, il est procédé au scrutin. — MM. les secrétaires opèrent le dépouillement des votes.)

M. le président. Voici le résultat du scrutin sur le paragraphe 8 de l'article 7 ;

Nombre des votants 218
Majorité absolue. 110
Pour 129
Contre. 89

Le Sénat a adopté.

Je mets aux voix l'ensemble de l'article 7.

(L'article 7 est adopté.)

Voix nombreuses. A demain !

Il n'y a pas d'opposition ?...

La suite de la discussion est renvoyée à la prochaine séance.

SÉANCE DU VENDREDI 9 DÉCEMBRE 1898.

Suite de la 1re délibération sur le projet de loi relatif au casier judiciaire.

M. le président. L'ordre du jour appelle la suite de la 1re délibération sur le projet de loi relatif au casier judiciaire.

Nous en sommes arrivés à l'article 8, dont je donne la lecture :

« ART. 8. — Cessent d'être inscrites au bulletin n° 3 délivré au simple particulier :

« 1° Cinq ans après l'expiration de la peine corporelle ou le payement de l'amende, la condamnation unique à six mois ou moins de six mois de prison ou à une amende ;

« 2° Dix ans après l'expiration de la peine, la condamnation unique à une peine de deux ans ou moins de deux ans ;

« 3° Quinze ans après l'expiration de la peine,la condamnation unique supérieure à deux ans de prison.

« Le tout sans qu'il soit dérogé à l'article 4 de la loi du 26 mars 1891, sur l'atténuation et l'aggravation des peines. »

Sur cet article, M. Thézard a déposé un amendement qui est ainsi conçu :

« Rédiger ainsi l'article 8 :

« Cessent d'être inscrites au bulletin n° 3 délivré au simple particulier :

« 1° Un an après l'expiration de la peine corporelle ou le payement de l'amende, les condamnations à moins de six jours de prison ou à une amende ne dépassant pas 25 francs, ou à ces deux peines réunies, sauf le cas où ces condamnations entraîneraient une incapacité civile ou politique ;

« 2° Cinq ans après l'expiration... (la suite comme au projet de la commission). »

La parole est à M. Thézard.

M. Léopold Thézard. Messieurs, je ne viens pas demander au Sénat de revenir sur ses votes antérieurs, mais simplement d'adopter une disposition additionnelle qui mettra, à mon avis, plus d'harmonie et plus de cohérence entre les différentes dispositions de l'article 7, soit en elles-mêmes, soit dans leurs rapports avec celles de l'article 8 déjà acceptées par M. le Garde des Sceaux et par M. le rapporteur.

Je vous ai déjà signalé, Messieurs, une des conséquences ou plutôt une des inconséquences qui résulteraient du projet, si vous n'y apportiez pas d'atténuation.

Entre deux hommes dont l'un aura subi depuis cinq ans et un jour une condamnation à six mois de prison pour vol, pour escroquerie ou pour tout autre délit déshonorant, et un autre homme qui, il y a cinq ans moins un jour, aura subi une condamnation à 16 francs d'amende pour un délit de chasse ou de pêche, le premier aura, en vertu de l'article 8, un casier immaculé, et le second aura son casier grevé d'une condamnation ; le premier, par conséquent, sera préféré au second, s'ils se trouvent en concurrence pour un emploi.

A cette application s'en joint une autre notamment, que je puis condenser en un exemple absolument pratique et saisissant, mais qui aussi se prêterait à une généralisation bien plus étendue.

Une bande de vauriens de quinze à dix-sept ans est poursuivie pour une série de petits méfaits. L'un d'eux a quinze ans ans et demi, mais en fait, — et cela s'est vu, — c'est le plus coupable, c'est même, si vous le voulez, le chef de la bande, car il est de ceux chez qui la valeur n'attend pas le nombre des années. (*Sourires.*) Eh bien ! celui-ci est reconnu le plus coupable de tous ; il est déclaré qu'il a agi avec discernement, et il est condamné à un mois de prison : il est même possible que cette condamnation entraîne pour lui dans l'avenir l'incapacité électorale.

Les autres, qui sont âgés de seize ans, seize ans et demi, qui ne bénéficient plus par conséquent des articles 67 et suivants du Code pénal, sont de simples comparses, on leur inflige pour les petits délits qu'ils ont pu commettre 16 ou 25 francs d'amende, vingt-quatre heures de prison si vous voulez ; qu'arrivera-t-il ? C'est que le premier, le plus coupable, verra d'emblée, aux termes de votre vote d'hier, sa condamnation effacée de son casier judiciaire, les autres, condamnés plus légèrement, en porteront la peine pendant cinq années entières, et, s'ils se trouvent en concurrence pour un emploi, c'est encore le premier qui sera préféré, s'il s'adresse à une administration qui ne consulte que le casier.

Admirez, Messieurs, la sûreté du critérium ! Admirez cette sincérité absolue, si nécessaire au casier, et sur laquelle on a la prétention de faire reposer tout le système !

Ne vous semble-t-il pas qu'il y a quelque chose à faire pour effacer de pareilles discordances ? C'est l'objet de l'amendement que je vous propose et qui ne contredit aucune des dispositions que vous avez prises, qui les respecte au contraire absolument, car il diffère en deux points essentiels du projet primitif de la commission.

Tout d'abord, je ne demande plus que ces petites condamnations à moins de six jours de prison ou à 25 francs d'amende au maximum soient oubliées et effacées d'emblée du casier judiciaire, puisque vous n'avez pas cru devoir entrer hier dans cette voie. Comme pour les autres, j'établis encore un délai, mais d'une moindre durée. J'impose à celui qui a encouru ces condamnations minimes, une pénitence d'une année pendant laquelle ces condamnations figureront à son casier, de même qu'une pénitence de cinq années est, dans l'article 8, imposée à celui qui a encouru une condamnation de six mois ou de moins de six mois.

Il y a là, ce me semble, une gradation absolument rationnelle, tout à fait conforme à l'esprit du projet, tandis que la solution contraire produirait des conséquences véritablement illogiques.

Mon amendement fait encore une autre concession très importante, devant laquelle j'ai beaucoup hésité, mais qui me semble conforme aux idées dont le Sénat s'est inspiré et que l'honorable M. de Chamaillard a soutenues hier devant lui. Notre collègue ne semblait pas tout d'abord, en effet, vouloir la disparition complète de la disposition qui effaçait du casier les petites condamnations ; il bornait son attaque à celles qui étaient privatives de droits ; mais, mis en appétit par l'adhésion de M. le Garde des Sceaux et de M. le rapporteur, il a emporté le morceau tout entier et fait effacer complètement le paragraphe 2 du projet de la commission. Il a obtenu ainsi plus qu'il ne désirait ; oui, le Sénat a, je crois, donné plus qu'on ne lui demandait en réalité.

M. Ernest Boulanger. Pas du tout !

M. Léopold Thézard. Il me semble que le Sénat et M. de Chamaillard lui-même pourraient se rallier à mon amendement. Si j'excepte de la prescription annale les condamnations privatives de droits, si je la restreins à ces condamnations qui ne portent à aucun point de vue atteinte à l'honneur, à la considération, à l'intégrité des droits civils et politiques de la personne condamnée, ce n'est pas, Messieurs, que j'accepte le fonctionnement du casier judiciaire tel que vous l'a indiqué l'honorable M. de Chamaillard, fonctionnement qui me semble absolument fantaisiste.

Quant à moi, si j'avais l'ennui d'être appelé comme témoin dans une enquête et que l'un des plaideurs émît cette prétention de me faire produire à moi-même mon casier judiciaire avant de déposer, je vous assure qu'il serait très mal reçu, et je ne crois pas que personne pût me forcer à demander au greffe ce casier, qui ne peut être délivré qu'à moi-même, et à le déposer devant le magistrat enquêteur.

Bien plus, si, dans une commune, M. le maire, avant de m'inscrire sur la liste électorale, émettait cette prétention de m'envoyer chercher au greffe et de me faire apporter à l'hôtel-de-ville mon casier judiciaire, mon bulletin n° 2 ou n° 3, je renverrais M. le maire à ses occupations, bien entendu avec tout le respect dû à sa qualité et avec tous les ménagements nécessaires pour m'éviter de voir se constituer cette fois un casier judiciaire pour cause d'outrage.

Je dirais à M. le maire que ce droit ne lui appartient en aucune façon et que personne au monde ne peut me forcer à aller chercher mon casier judiciaire, si je ne le juge pas à propos.

Ce n'est donc pas pour cette raison que j'accepte l'idée de M. de Chamaillard — et encore je l'accepte sous toutes réserves, bien entendu, sous bénéfice d'inventaire : — c'est parce qu'en effet les condamnations emportant privation des droits électoraux ont en elles-mêmes une certaine gravité.

Ainsi, Messieurs, et grâce aux très larges concessions que je fais, satisfaction est donnée à toutes les préoccupations du Sénat ; j'ajoute que nous procédons par des gradations successives et raisonnables ; il n'y aura plus dans le projet de loi ces brusques sauts, ces abîmes créés entre des situations voisines, cette identité établie, au contraire, entre des situations absolument éloignées ; il y aura sinon une pente unie et absolument harmonique, tout au moins des degrés étagés de proche en proche et qui correspondent à la gravité respective des situations.

J'espère que M. le Garde des Sceaux et le Sénat voudront bien accepter ce mode de procéder conforme à l'esprit de la loi, conforme aussi, j'en suis sûr, messieurs, aux sentiments auxquels vous avez obéi dans vos votes d'hier.

M. Jules Godin, *rapporteur*. Je demande la parole.

M. le président. La parole est à M. le rapporteur.

M. le rapporteur. Messieurs, je demande au Sénat de ne pas prendre en considération l'amendement de M. Thézard. Voici en effet à quelles conséquences il aboutit :

L'article 8, qui est actuellement en délibération devant le Sénat, vise ce que nous appelons la prescription du casier judiciaire.

Après un certain nombre d'années, ne doit-on pas supprimer l'inscription d'une condamnation au bulletin n° 3, délivré aux simples particuliers ? D'accord avec M. le Garde des Sceaux, nous avons proposé au Sénat de voter les dispositions suivantes : cinq ans après l'expiration de la peine, lorsque la condamnation est inférieure à six mois de prison, l'inscription cesse d'être effectuée ; dix ans après, si la condamnation est inférieure à deux ans ; quinze ans après la même date, si la condamnation est supérieure à deux ans.

Telles sont les limites que nous avons adoptées. J'ajoute que ce délai de cinq ans que nous avons fixé, est le délai de la prescription de la peine.

M. le Garde des Sceaux. C'est le délai fixé par la loi Bérenger.

M. le rapporteur. Que nous propose M. Thézard ? De supprimer cette inscription au bout d'une année pour certaines condamnations. Voici donc la situation dans laquelle on se placerait : une personne a subi une condamnation à cinq jours de prison ; d'après l'amendement de M. Thézard, au bout d'une année, l'inscription au bulletin n° 3 disparaîtrait.

Nous sommes très disposés, messieurs, à accepter le principe de la prescription du casier judiciaire — la question a été examinée hier et je n'y reviens pas — mais, véritablement, supprimer au bout d'une année l'inscription sur le bulletin n° 3 d'une condamnation même à moins de six jours de prison, ce serait aller beaucoup trop loin et atténuer, dans des proportions absolument excessives, des dispositions bienveillantes, je dirai plus, des dispositions justes que nous proposons au Sénat d'accepter. Aussi, Messieurs, d'accord avec le Gouvernement, vous demandons-nous de repousser la prise en considération de l'amendement de M. Thézard. (*Très bien.*)

M. Léopold Thézard. M. Godin n'exprime pas l'avis de la commission. La majorité accepterait plutôt l'amendement, et cela comme un minimum.

M. le marquis de Carné. Vous ne l'avez pas consultée !

M. Léopold Thézard. La commission n'en a pas délibéré, mais, parmi les membres présents, la majorité serait disposée, comme je l'ai dit, à accepter l'amendement, comme un minimum.

M. le marquis de Carné. Vous n'en savez rien.

M. le président. Je donne une nouvelle lecture de l'amendement de M. Thézard. Il est ainsi conçu :

« Cessent d'être inscrites au bulletin n° 3 délivré au simple particulier :

« 1° Un an après l'expiration de la peine corporelle ou le payement de l'amende, les condamnations à moins de six jours de prison ou à une amende ne dépassant pas 25 francs, ou à ces deux peines réunies, sauf le cas où ces condamnations entraîneraient une incapacité civile ou politique ;

« 2° Cinq ans après l'expiration... (La suite comme au projet de la commission.) »

Je consulte le Sénat.

(Après une première épreuve déclarée douteuse, le Sénat, consulté par assis et levé, adopte l'amendement de M. Thézard.)

M le président. Je donne lecture du premier paragraphe de la rédaction de la commission :

« ART. 8. — Cessent d'être inscrites au bulletin n° 3 délivré au simple particulier :

« 1° Cinq ans après l'expiration de la peine corporelle ou le payement de l'amende, la condamnation unique à six mois ou moins de six mois de prison ou à une amende... ».

Quelqu'un demande-t-il la parole sur ce premier paragraphe ?...

Je le mets aux voix.

(Le premier paragraphe de l'article 8 est adopté.)

M. Léopold Thézard. Le paragraphe 1er doit porter le n° 2, monsieur le président.

M. le président. L'amendement de M. Thézard ayant été adopté, il y aura lieu de changer, en effet, le numérotage ; le paragraphe 1er deviendra le paragraphe 2.

Je continue la lecture de l'article :

« 3° (ancien 2°) Dix ans après l'expiration de la peine, la condamnation unique à une peine de deux ans ou moins de deux ans. »

Sur ce paragraphe, M. Bérenger a déposé un amendement qui est ainsi conçu :

« Cessent d'être inscrites au bulletin n° 3, délivré aux particuliers :

« 1° (Comme au projet) ;

« 2° Dix ans après... la condamnation unique à deux ans d'emprisonnement ou moins de deux ans et les condamnations multiples dont l'ensemble ne dépasse pas un an ;

« 3° Quinze ans... les condamnations à une peine supérieure. »

La parole est à M. Bérenger.

M. Bérenger. Messieurs, voici l'addition que je demande au Sénat de vouloir bien faire à la disposition proposée par la commission ; mon amendement commence, en effet, par accepter la disposition proposée par la commission ; je suis d'avis, comme elle, qu'après dix ans sans condamnation nouvelle la condamnation unique à une peine de deux ans sera effacée du bulletin n° 3 du casier judiciaire ; mais je me permets d'ajouter que si une condamnation unique, c'est-à-dire une condamnation prononcée pour la première faute, a été élevée jusqu'à deux ans de prison, c'est que le fait était très considérable. Il s'agissait d'un inculpé primaire, comme on dit dans le langage spécial du droit pénal, et cependant, les magistrats, le frappant pour la première fois, peuvent lui avoir infligé jusqu'à deux ans de prison.

Dans ces conditions — et je partage, je le répète, l'avis de la commission — si dix ans de bonne conduite se sont écoulés depuis, je considère comme très légitime que la condamnation ne figure plus sur le bulletin n° 3, qu'il y ait prescription, suivant un terme impropre peut-être, mais commode à employer.

Eh bien, je dis ceci : ce que vous faites pour l'individu qui n'a subi qu'une peine, mais une peine très grave, n'y a-t-il pas injustice à le refuser à l'individu qui peut avoir subi plusieurs peines, mais des peines très légères ?

Au lieu de ce jeune homme — je suppose un jeune homme, parce que la situation est plus intéressante ainsi — au lieu de ce jeune homme, qui a mérité deux ans de prison, voilà un inculpé qui, à la vérité, a comparu deux fois, peut-être trois fois, devant un tribunal ; mais, la première fois, il a été condamné à vingt-quatre heures de prison ; la seconde, il a été condamné à une amende ; la troisième, il a été condamné à cinq ou six jours d'emprisonnement, et vous trouvez que sa situation morale, après ces trois condamnations, est beaucoup plus grave, beaucoup moins digne d'intérêt que celle de l'individu qui, en une seule fois il est vrai, mais du premier coup, a été frappé d'une peine de deux ans de prison ?

Je ne puis pas, Messieurs, ne pas admettre que, non seulement il y a analogie, au point de vue de l'intérêt, entre les deux situations, mais que même l'intérêt doit être plus grand pour les petits délinquants dont je parle, que pour les grands délinquants qui ont été ainsi frappés.

Je dis alors ceci : soit, accordons la prescription dans le cas proposé par la commission ; mais réservons aussi le cas où il y a eu plusieurs condamnations, mais où ces condamnations sont tellement légères que, réunies, elles ne forment pas un maximum inquiétant. Ce ne sera pas seulement alors la condamnation unique, ce seront aussi les condamnations multiples qui entraîneront la prescription, lorsque leur total n'aura pas dépassé non pas deux ans, mais un an...

M. Morellet. Quel que soit le nombre des condamnations ? Y en eût-il cinq, six, sept, huit, cela ne fait rien ?

M. Bérenger. Quel que soit le nombre de ces condamnations ! Permettez-moi, du reste, de vous dire que ce nombre ne sera jamais considérable, puisqu'il ne faudra pas que leur total arrive à dépasser un an.

M. le rapporteur. Deux ans !

M. Bérenger. Dans mon amendement, j'ai dit un an.

M. le rapporteur. Pardon, vous avez mis deux ans !

M. Bérenger. Mon cher collègue, ce n'est pas l'amendement rectifié que vous avez sous les yeux.

M. le président. L'amendement rectifié porte, en effet : « ... et les condamnations multiples dont l'ensemble ne dépasse pas un an. »

M. Bérenger. Je le répète, ces condamnations multiples n'auront pas été bien graves ni bien considérables, puisque leur ensemble ne dépassera pas un an.

J'ajoute — et c'est là, messieurs, la circonstance capitale — qu'il se sera passé dix ans depuis l'exécution de la dernière de ces condamnations.

Il y aura eu dix ans de bonne conduite et je ne trouve pas que ces dix ans de bonne conduite, soient, dans le cas que j'indique, beaucoup moins dignes de faveur et de récompense, que ces mêmes dix ans de bonne conduite, quand il s'agit d'une peine de deux ans d'emprisonnement.

Voilà la base sur laquelle repose mon amendement.

J'ajouterai un mot, messieurs ; permettez-moi de pénétrer dans le fond des choses qui, peut-être, n'a pas apparu à tout le monde ; car il faut s'être occupé pratiquement, dirai-je, de ces sortes de situations, pour bien connaître, soit leur mérite, soit au contraire, ce qui peut les rendre moins intéressantes.

Eh bien, qu'il me soit permis de vous dire ceci : si dix ans d'efforts pour n'avoir point comparu devant la justice sont méritoires de la part d'un homme qui aura été condamné une fois, ces dix ans sont plus méritoires encore pour celui qui aura subi plusieurs condamnations, étant donné, bien entendu, qu'il ne s'agit que de petites condamnations.

Il est évident qu'à une époque de la vie de cet homme dont je parle, il y a eu une période, longue ou courte, pendant laquelle, plusieurs fois, il a été appelé devant la justice et au cours de laquelle il a subi des condamnations. Mais il a rompu avec ce passé et, après avoir pu passer avec raison pour un cœur perverti, pour un homme auquel il serait impossible, peut-être, de revenir à l'honnêteté, il a démenti par sa conduite ces inquiétudes, il s'est bien conduit avec persévérance, par un effort soutenu, pendant dix ans ; depuis sa condamnation, il peut justifier que son retour au bien est sincère et sérieux.

Est-ce qu'il ne faut pas tenir compte de cela, messieurs ?

Mais remarquez que, s'il est possible à un homme qui n'a subi aucune condamnation, d'échapper au soupçon parce que sa faute peut être ignorée dans le lieu où il se trouve, ce n'est pas présumable pour celui qui a subi un certain nombre de condamnations. Celui-là est signalé, connu, et malheur à lui si, étant employé dans un atelier ou dans une administration, il se commet, dans son voisinage, quelque vol dont l'auteur n'est pas immédiatement découvert ! ce sera lui le voleur ! c'est sur lui que porteront tous les soupçons !

Donc la continuité de la bonne conduite lui est beaucoup plus difficile, plus pénible, et elle est, par conséquent, plus méritoire pour lui, quand elle s'est réalisée.

C'est par ces considérations, messieurs, que je vous demande d'accepter mon amendement, qui ne fait pas absolument brèche à la thèse soutenue par M. le Garde des Sceaux.

M. le Garde des Sceaux vous a dit : « Je n'accepte la proposition que s'il s'agit d'une condamnation unique. »

Je respecte ce sentiment pour ce qui est de la première catégorie de condamnés. Oui, là, il s'agit d'une prescription courte, de cinq ans, qui peut, par conséquent, s'acquérir très facilement et je reconnais que, dans ces conditions-là, cette prescription, que j'appellerai la prescription de faveur, ne doit être acquise qu'à celui qui n'a subi qu'une condamnation.

Mais, quand il s'agit de cette prescription du double, de dix ans, ne peut-on pas étendre le sentiment d'humanité qui a porté à fixer un premier délai beaucoup moins long ? Ne peut-on pas dire qu'alors l'effort est plus considérable et qu'il importe d'accorder la même récompense à toutes les personnes qui peuvent paraître dignes de l'obtenir ?

Dans ces conditions, et tout en respectant le principe posé par M. le Garde des Sceaux pour la première et seconde catégorie — car, aujourd'hui, après l'amendement de M. Thézard, il y en a deux — j'estime que, pour la troisième, vous pouvez admettre cette dérogation qui, à mon sens, est parfaitement justifiée.

Après dix ans de bonne conduite présumée — la présomption résultant de ce que, pendant dix ans, il n'y a pas eu de condamnation nouvelle — il me semble que vous ne pouvez refuser d'accorder la prescription à l'homme qui a subi de petites peines, à la condition, bien entendu, que l'ensemble de ces petites peines n'atteigne pas la moitié du maximum de la peine très forte que vous avez fixée comme limite au bénéfice de cette prescription de faveur.

M. le président. La parole est à M. le Garde des Sceaux.

M. Lebret, *Garde des Sceaux, ministre de la justice.* Messieurs, je crois qu'il est nécessaire de bien préciser tout d'abord la situation en face de laquelle nous nous trouvons.

D'après le projet de loi qui vous est soumis, nous décidons qu'au bout d'un certain temps, après une condamnation unique, cette condamnation cessera de figurer sur le casier judiciaire. Mais, qu'il s'agisse de cette prescription du casier judiciaire, comme on l'appelle, qu'il s'agisse de la réhabilitation de plein droit qui fait l'objet de l'article 10, j'ai déclaré que je n'acceptais les solutions nouvelles proposées dans le projet qu'à la condition qu'on fût en présence de délinquants primaires. C'est que je considère que, dans le domaine de la pénalité, et surtout dans le domaine de cette bienveillance dont M. le sénateur Bérenger s'est fait l'apôtre, il faut distinguer entre le délinquant primaire qui a commis une faute unique et le délinquant d'habitude, qui a répété les infractions, dont le retour au bien n'est pas, en conséquence, aussi certain. (*Très bien ! très bien ! sur plusieurs bancs au centre.*)

Je persiste dans cette théorie et je crois que la loi que vous êtes appelés à voter, sera d'autant plus solide qu'elle reposera sur une idée nette et précise. Il ne faut pas faire brèche au principe sous lequel la commission, d'accord avec le Gouvernement, a abrité les articles 8 et 10.

D'ailleurs, si je me place en face des hypothèses intéressantes que présentait tout à l'heure l'honorable M. Bérenger, est-ce que, véritablement, les situations auxquelles il faisait allusion sont sans remède? Pas le moins du monde.

Voici un homme qui a encouru cinq, six ou sept condamnations. C'est un délinquant d'habitude, mais les condamnations dont il a été frappé ne dépassent pas une année. Eh bien, il y a, pour lui, dans notre législation, une loi sur la réhabilitation. Ce condamné dont le casier judiciaire est chargé d'un certain nombre de condamnations, si véritablement il est revenu au bien, si depuis sa dernière condamnation, il n'a pas commis d'autre infraction, s'il a eu une bonne conduite, s'il a travaillé, s'il est, en somme, digne de reconquérir ses droits, ce condamné, dis-je, pourra s'adresser à la justice et obtenir sa réhabilitation après examen de sa situation spéciale.

Notez qu'il n'aura même pas besoin, pour cela, d'attendre dix ans, délai fixé par la loi, même dans le cas de condamnations multiples, quand il s'agit de condamnations correctionnelles.

Je considère donc que l'exemption de faveur que nous introduisons dans la loi ne doit profiter qu'aux délinquants primaires et qu'il faut laisser les autres sous l'empire du droit commun.

Le droit commun n'est pas une loi inexorable, c'est une loi qui permet le pardon, mais sous des conditions spéciales et en connaissance de cause. Je vous demande de réserver la disposition de faveur au délinquant primaire, c'est-à-dire à celui qui n'a commis qu'une faute. (*Nouvelles marques d'approbation.*)

M. Bérenger. Je demande la parole.

M. le président. La parole est à M. Bérenger.

M. Bérenger. Je voudrais, messieurs, demander à M. le Garde des Sceaux la permission de lui poser une simple question.

M. le Garde des Sceaux s'oppose à ce que toute autre condamnation que la condamnation unique bénéficie de la prescription de dix ans dont il s'agit.

Or, je suppose un individu condamné à plus de six mois de prison;

il bénéficiera de la prescription de cinq ans ; mais s'il est condamné ensuite à une amende de 25 francs, la condamnation est-elle unique ou double ? Cette dernière condamnation à l'amende suffit-elle pour empêcher que la condamnation soit unique ?

Si vous admettez cela, permettez-moi de vous dire que vous allez arriver aux inégalités les plus révoltantes.

Ainsi, il arrivera qu'un individu, condamné à six mois de prison pour outrage à un agent, puis à 15 ou 25 francs d'amende pour délit de pêche ou de chasse, ne pourra plus obtenir la prescription au bout de dix ans ; mais celui qui, à côté de lui, dans la même commune peut-être, aura été condamné à deux ans de prison pour vol qualifié pourra bénéficier de la prescription.

Que pensez-vous de cette situation ?...

Quand une question embarrasse, on n'y répond pas.

M. le Garde des Sceaux. Je vais vous répondre. Je croyais que vous aviez une observation à ajouter.

M. Bérenger. Je demanderai, dans tous les cas, — et je crois que ce sera une satisfaction pour la conscience de tout le monde — que les condamnations à l'amende ne soient pas comptées (*Très bien !*) et qu'on ne tienne compte uniquement que des condamnations à l'emprisonnement.

Je ne sais quelle modification il faudrait faire au texte pour atteindre ce but ; mais, véritablement, je crois messieurs, que vous pouvez m'accorder cela.

Veuillez remarquer, d'ailleurs, que c'est là une proposition subsidiaire : je demande au Sénat, d'abord, de voter mon amendement et, subsidiairement, si cet amendement n'est pas adopté, je chercherai à obtenir la manifestation des sentiments du Sénat sur la proposition que je viens de faire, en lui présentant quelque rédaction de nature à le satisfaire.

M. le président. La parole est à M. le Garde des Sceaux.

M. le Garde des Sceaux. Il est incontestable, messieurs, que le texte de la commission...

M. le rapporteur. Ce texte est le vôtre, M. le garde des sceaux.

M. le Garde des Sceaux. Parfaitement ! Il est incontestable, dis-je, que le texte que nous avons arrêté, d'accord avec la commission, ne prévoit pas d'une façon spéciale l'hypothèse indiquée par M. Bérenger.

L'article 9 dit bien que « en cas de condamnation ultérieure à une peine autre que l'amende, le bulletin n° 3 reproduit intégralement les bulletins n° 1 ». Il pourrait peut-être jeter quelque lumière sur cette hypothèse, mais enfin elle n'est pas prévue.

Je demande donc au Sénat de ne pas s'arrêter, quant à présent, à cette espèce particulière et de la réserver pour la seconde lecture. Nous nous mettrons, dans l'intervalle des deux délibérations, d'accord avec la commission pour compléter le texte qui, je le reconnais parfaitement, laisse en dehors certaines hypothèses auxquelles on n'a pas songé. (*Marques d'assentiment.*)

M. Bérenger. Puisque M. le Garde des Sceaux veut bien entrer dans cet ordre d'idées, — et je ne doutais pas que son esprit d'humanité ne fût sympathique à l'opinion que j'avais exposée, — et qu'il veut bien nous inviter à réserver l'examen de la question pour la 2ᵉ lecture, je suis loin d'y contredire. Nous chercherons donc une solution entre la 1ʳᵉ et la 2ᵉ délibération.

Qu'il me permette cependant de lui dire — et je serais heureux de rencontrer son assentiment — qu'il y aurait un moyen bien simple de nous mettre d'accord : ce serait au lieu d'ajouter une disposition à l'article qui est en discussion actuellement, de revenir en un point sur l'article précédent, qui parle des condamnations qui ne doivent pas figurer sur le bulletin nº 3. Je crois véritablement qu'il serait légitime de décider que les condamnations à l'amende, quelles qu'elles soient, ne figureront pas sur le bulletin nº 3.

M. le Garde des Sceaux. On ne peut pas admettre *a priori* cette solution, car il y a des amendes considérables qui ont été prononcées pour des délits très graves.

M. Ernest Boulanger. C'est parfaitement exact.

M Félix Martin. Les amendes infligées pour usure, par exemple.

M. le président. Personne ne demande plus la parole.

Je donne une nouvelle lecture de l'amendement de M. Bérenger :

« 2º Dix ans après l'expiration de la peine, la condamnation unique à deux ans d'emprisonnement ou moins de deux ans et les condamnations multiples dont l'ensemble ne dépasse pas un an. »

Je consulte le Sénat.

(L'amendement n'est pas adopté.)

M. le président. Il n'y a pas à mettre aux voix l'amendement subsidiaire de M. Bérenger, puisque la commission et le Gouvernement sont d'accord pour renvoyer l'examen de la question à la 2ᵉ délibération.

Je donne lecture du 2º du texte de la commission qui devient le 3º :

« 3º Dix ans après l'expiration de la peine, la condamnation unique à une peine de deux ans ou moins de deux ans. »

Je mets aux voix ce paragraphe.

(Le paragraphe, mis aux voix, est adopté.)

M. le président. « 4º Quinze ans après l'expiration de la peine, la condamnation unique supérieure à deux ans de prison. »

L'amendement de M. Bérenger sur ce paragraphe est retiré ?

M. Bérenger. Oui, monsieur le président.

M. le président. Je mets le 4º aux voix.

(Le paragraphe est adopté.)

M. le président. « Le tout sans qu'il soit dérogé à l'article 4 de la loi du 26 mars 1891 sur l'atténuation et l'aggravation des peines. » — (Adopté.)

(L'ensemble de l'article 8, mis aux voix, est adopté.)

M. le président. « Art. 9. — En cas de condamnation ultérieure à une peine autre que l'amende, le bulletin nº 3 reproduit intégralement le bulletin nº 1. » — (Adopté.)

« Art. 10. — Lorsqu'il se sera écoulé dix ans, dans le cas prévu par l'article 8, 1º, sans que le condamné ait subi de nouvelles condamnations à une peine autre que l'amende, la réhabilitation lui sera acquise de plein droit.

« Le délai sera de quinze ans dans le cas prévu par l'article 8, 2°, et de vingt ans dans le cas prévu par l'article 8, 3°. »

M. le Garde des Sceaux. Monsieur le président, il faut changer les numéros des paragraphes qui sont visés.

M. le rapporteur. L'article doit être rédigé ainsi :

« Lorsqu'il se sera écoulé dix ans dans le cas prévu par l'article 8, 1° et 2°, sans que le condamné ait subi de nouvelles condamnations à une peine autre que l'amende, la réhabilitation lui sera acquise de plein droit.

« Le délai sera de quinze ans dans le cas prévu par l'article 8, 3°, et de vingt ans dans le cas prévu par l'article 8, 4°. »

M. le président. M. Bérenger a déposé un amendement sur cet article.

M. Bérenger. Monsieur le président, mon amendement a été adopté par la commission et par M. le Garde des Sceaux : il est devenu précisément l'article que vous venez de lire.

J'avais présenté un second amendement sur cet article, depuis que la commission a proposé sa nouvelle rédaction, mais ce second amendement étant une conséquence de celui que le Sénat a repoussé tout à l'heure, je ne puis pas le maintenir.

M. le président. Je mets aux voix l'article 10 avec les modifications de numéros que vient d'indiquer M. le rapporteur.

(L'article 10 est adopté.)

M. le président. « Art. 11. — Quiconque, en prenant le nom d'un tiers, aura déterminé l'inscription au casier de ce tiers d'une condamnation, sera puni de six mois à cinq ans d'emprisonnement, sans préjudice des poursuites à exercer pour le crime de faux, s'il y échet.

« Sera puni de la même peine celui qui, par des fausses déclarations relatives à l'état civil d'un inculpé, aura sciemment été la cause de l'inscription d'une condamnation sur le casier judiciaire d'un autre que cet inculpé.

« Quiconque, en prenant un faux nom ou une fausse qualité, se fera délivrer le bulletin n° 3 d'un tiers sera puni d'un mois à un an d'emprisonnement.

« L'article 463 du Code pénal sera dans tous les cas applicable. » — (Adopté.)

« Art. 12. — L'étranger n'aura droit aux dispenses d'inscription sur le bulletin n° 3 que si, dans son pays d'origine, une loi ou un traité réserve aux condamnés français des avantages analogues. » — (Adopté.)

« Art. 13. — Un règlement d'administration publique déterminera les mesures nécessaires à l'exécution de la présente loi et, notamment, les conditions dans lesquelles doivent être demandés, établis et délivrés les bulletins n°ˢ 2 et 3, les droits alloués au greffier, ainsi que les conditions d'application de la présente loi aux colonies et aux pays de protectorat. » — (Adopté.)

« Art. 14. — Celui qui voudra faire rectifier une mention portée à son casier judiciaire présentera requête au président du tribunal ou de la Cour qui aura rendu la décision.

« Le président communiquera la requête au ministère public et commettra un juge pour faire le rapport.

« Le tribunal ou la Cour statuera en audience publique, sur le rapport du juge et les conclusions du ministère public.

« Le tribunal ou la Cour pourra ordonner d'assigner la personne objet de la condamnation.

« Le ministère public aura le droit d'agir dans la même forme en rectification de casier judiciaire.

« Dans le cas où la requête est rejetée, le requérant sera condamné aux frais.

« Si la requête est admise, les frais seront supportés par celui qui aura été la cause de l'inscription reconnue erronée.

« Mention de la décision rendue sera faite en marge du jugement ou de l'arrêt visé par la demande en rectification.

« Ces actes et jugements seront dispensés de timbre et enregistrés gratis. » — (Adopté.)

Je consulte le Sénat sur la question de savoir s'il entend passer à une 2ᵉ délibération ?

(Le Sénat décide de passer à une 2ᵉ délibération.)

SÉANCE DU MARDI 7 MARS 1899.

2ᵉ Délibération sur le projet de loi relatif au casier judiciaire.

M. le président. L'ordre du jour appelle la 2ᵉ délibération sur le projet de loi relatif au casier judiciaire.

La parole est à M. le rapporteur.

M. Jules Godin, *rapporteur.* Messieurs, pour la troisième ou quatrième fois, je viens exposer au Sénat, en quelques mots, les modifications qui ont été apportées aux précédentes rédactions.

Le Sénat se rappelle que, en 1ʳᵉ délibération, il avait adopté, après discussion, un certain nombre de modifications au texte primitif. Le projet de loi a été examiné de nouveau par la commission. Nous avons entendu M. le Garde des Sceaux ; nous avons eu à examiner des amendements nouveaux de MM. Bérenger et Garreau, et voici les décisions auxquelles la commission s'est arrêtée :

En ce qui concerne les trois premiers articles, le projet n'a pas subi de modification ; mais, pour l'article 4, nous nous sommes trouvés en présence d'observations du ministre de la guerre et du ministre de la marine. Ils ont constaté que le texte tel qu'il leur avait été présenté modifiait la situation faite actuellement à leurs administrations en ce qui concerne les soldats de la classe et les engagements. Pour les uns et les autres, les ministres de la guerre et de la marine ont fait remarquer avec insistance qu'il leur était indispensable d'avoir, non pas le bulletin n° 3 produit par l'engagé ou par celui qui tombe sous l'application de la loi du recrutement, mais le bulletin n° 2.

D'accord avec M. le président de la commission — et sans avoir eu le temps d'en réunir les membres, puisque je n'ai reçu qu'avant-hier les avis de MM. les ministres de la guerre et de la marine — nous avons apporté à l'article 4 une modification qui donnera satisfaction à cette réclamation.

Dans l'article 5, votre commission, tenant également compte des observations qui ont été présentées par les administrations de la guerre et de la marine, vous propose une légère modification.

Les ministres de la guerre et de la marine ont fait remarquer que, quand un officier de réserve tombe en liquidation judiciaire, il est immédiatement remplacé dans son grade.

Cette indication nous a amené à apporter à l'article 5 une modification qui permît à MM. les ministres de la guerre et de la marine d'être informés des liquidations judiciaires qui atteindraient les hommes soumis aux obligations du service militaire.

Il suffisait pour cela d'ajouter dans l'article 5 à la suite du mot « faillite » les mots « et de liquidation judiciaire ».

La plus grave modification apportée au projet depuis la 1re délibération est contenue dans l'article 7. Le Sénat, dans cet article, avait adopté ce principe que le bulletin n° 3 — je ne reviens pas sur ce qu'est ce bulletin et sur les observations que j'ai déjà présentées sur ce point, deux ou trois fois au Sénat : le bulletin n° 3 est celui qui est délivré aux particuliers — le Sénat, dis-je, aux termes des décisions prises lors de la 1re délibération, avait admis que le bulletin n° 3 comprendrait certaines condamnations prononcées dans des cas déterminés.

La question s'étant posée de savoir si, en cas de pluralité de condamnations, il n'y avait pas lieu de reporter sur le bulletin n° 3 toutes les condamnations encourues, la majorité de la commission a admis que, même lorsqu'il y aurait pluralité de condamnations, dans certains cas, ces condamnations ne seraient pas portées au bulletin n° 3 .

Cette modification est la plus grave de celles qui ont été apportées par la commission au projet primitif. Je crois que M. le Garde des Sceaux n'est pas de cet avis et qu'il combattra l'inscription dans l'article 7 de la multiplicité des condamnations. Lorsque l'article viendra en discussion, nous examinerons cette question et le Sénat décidera.

En ce qui concerne l'article 8, qui visait le cas de condamnations nouvelles et leurs conséquences au point de vue de leur inscription au bulletin n° 3, nous nous sommes trouvés en face d'une sérieuse difficulté de rédaction.

Nous avons dû nécessairement modifier le texte, puisque, dans l'article 7, on admettait que plusieurs condamnations ne devaient pas être portées au bulletin n° 3. Il fallait nécessairement, dans l'article 8, déroger au principe qui y avait été posé et admettre que, dans certains cas, même la pluralité des condamnations n'entraînerait pas l'inscription au bulletin n° 3 des condamnations précédentes.

Tel est, Messieurs, le sens de la rédaction nouvelle donnée à l'article 8.

En ce qui concerne l'article 9, nous avons modifié légèrement le texte relatif aux amendes. L'article 9 vise la prescription du casier judiciaire ; il détermine un certain nombre de délais après lesquels la condamnation n'est plus inscrite au bulletin n° 3.

Relativement aux amendes, il a été posé en principe qu'elles ne devaient pour ainsi dire pas entrer en ligne de compte et que, dans le cas où une condamnation à l'amende interviendrait, on la considérerait comme n'existant pas.

Nous avons dû apporter également à l'article 10 une modification relative à la réhabilitation. Il y avait, en effet, dans le projet de loi une lacune.

L'article 10 admet la réhabilitation de droit, c'est-à-dire que, après un délai, le condamné se trouve réhabilité de droit et que, comme conséquence, on doit effacer de son casier les condamnations pour lesquelles intervient la réhabilitation.

Mais supposez qu'il y ait contestation sur le point de savoir si la réhabilitation existe ou n'existe pas ; supposez que le procureur de la République ou le greffier chargé de délivrer le casier vienne dire à un individu : « La réhabilitation à laquelle vous prétendez, vous n'y avez pas droit ». Il y avait là une difficulté à résoudre, et il fallait indiquer quelle était la procédure à suivre dans ce cas.

Le plus simple était d'appliquer là le principe posé dans l'article 11 en ce qui concerne la rectification du casier judiciaire. Nous avons admis que, dans ce cas, les personnes qui réclamaient une réhabilitation de droit pourraient agir devant l'autorité compétente pour faire établir que la réhabilitation leur est acquise. C'est une simple question de procédure, mais il était nécessaire de l'établir, puisque, sans cela, c'est le procureur de la République ou le greffier qui eût été maître de déclarer s'il y avait ou s'il n'y avait pas réhabilitation de droit.

Tels sont, messieurs, les modifications principales que nous avons apportées au texte. Le Sénat les examinera et nous lui donnerons, au fur et à mesure de la délibération, s'il en est besoin, les explications nécessaires. (*Très bien !*)

M. le président. Personne ne demande plus la parole ?

Je donne lecture de l'article 1ᵉʳ.

« ART. 1ᵉʳ. — Le greffe de chaque tribunal de première instance reçoit, en ce qui concerne les personnes nées dans la circonscription du tribunal et après vérification de leur identité aux registres de l'état civil, des bulletins, dits bulletins nᵒ 1, constatant :

1ᵒ Les condamnations contradictoires ou par contumace et les condamnations par défaut non frappées d'opposition prononcées, pour crime ou délit, par toute juridiction répressive ;

« 2ᵒ Les décisions prononcées par application de l'article 60 du Code pénal ;

« 3ᵒ Les décisions disciplinaires prononcées par l'autorité judiciaire ou par une autorité administrative lorsqu'elles entraînent ou édictent des incapacités ;

« 4ᵒ Les jugements déclaratifs de faillite ou de liquidation judiciaire ;

« 5ᵒ Les arrêtés d'expulsion pris contre les étrangers. »

(L'article 1ᵉʳ, mis aux voix, est adopté.)

M. le président. « ART. 2. — Il est fait mention sur les bulletins nᵒ 1 des grâces, commutations ou réductions de peines, des décisions qui suspendent l'exécution d'une première condamnation, des arrêtés de mise en libération conditionnelle et de révocation, des réhabilitations et des jugements relevant de la relégation, conformément à l'article 16 de la loi du 27 mai 1885, et des décisions qui rapportent les arrêtés d'expulsion ainsi que de la date de l'expiration de la peine et du payement de l'amende.

« Sont retirés du casier judiciaire : les bulletins n° 1 relatifs à des condamnations effacées par une amnistie, ou réformées en conformité d'une décision de rectification du casier judiciaire. » — (Adopté.)

« ART. 3. — Le casier judiciaire central, institué au ministère de la justice, reçoit les bulletins n° 1 concernant les personnes nées à l'étranger, dans les colonies, ou dont l'acte de naissance n'est pas retrouvé. » — (Adopté.)

« ART. 4. — Le relevé intégral des bulletins n° 1 applicables à la même personne est porté sur un bulletin appelé bulletin n° 2.

« Il est délivré aux magistrats du parquet et de l'instruction, aux autorités militaire et maritime pour les appelés des classes et de l'inscription maritime, ainsi que pour les jeunes gens qui demandent à contracter un engagement.

« Il l'est également aux administrations publiques de l'Etat, saisies de demandes d'emplois publics, ou en vue de poursuites disciplinaires ou de l'ouverture d'une école privée, conformément à la loi du 30 octobre 1886.

« Les bulletins n° 2 réclamés par les administrations publiques de l'Etat, pour l'exercice des droits politiques, ne comprennent que les décisions entraînant des incapacités prévues par les lois relatives à l'exercice des droits politiques.

« Lorsqu'il n'existe pas de bulletins n° 1 au casier judiciaire, le bulletin n° 2 porte la mention : *Néant.* » — (Adopté.)

« ART. 5. — En cas de condamnation, faillite, liquidation judiciaire ou destitution d'un office ministériel prononcée contre un individu soumis à l'obligation du service militaire ou maritime, il en est donné connaissance aux autorités militaire ou maritime par l'envoi d'un duplicata du bulletin n° 1.

« Un duplicata de chaque bulletin n° 1 constatant une décision entraînant la privation des droits électoraux, est adressé à l'autorité administrative du domicile de tout Français ou de tout étranger naturalisé. » — (Adopté.)

« ART. 6. — Un bulletin n° 3 peut être réclamé par la personne qu'il concerne. Il ne doit, dans aucun cas, être délivré à un tiers. » — (Adopté.)

« ART. 7. — Ne sont pas inscrites au bulletin n° 3 :

« 1° Les décisions prononcées par application de l'article 66 du Code pénal ;

« 2° Les condamnations effacées par la réhabilitation ou par l'application de l'article 4 de la loi du 26 mars 1891, sur l'atténuation et l'aggravation des peines ;

« 3° Les condamnations prononcées en pays étranger pour des faits non prévus par les lois pénales françaises ;

« 4° Les condamnations pour délits prévus par les lois sur la presse, à l'exception de celles qui ont été prononcées pour diffamation ou pour outrages aux bonnes mœurs, ou en vertu des articles 23, 24 et 25 de la loi du 29 juillet 1881. »

M. le rapporteur. Ce paragraphe 4 est la reproduction d'un amendement que M. Bérenger avait présenté et qui a été adopté par la commission.

M. le président. Je mets le paragraphe 4 aux voix.

(Le paragraphe 4 est adopté.)

M. le président. « 5° Une première condamnation à un emprisonnement de trois mois ou de moins de trois mois prononcée par application des articles 67, 68 et 69 du Code pénal. »

Ici se place un amendement de M. Bérenger. Il est ainsi conçu :

« Ne sont pas inscrites au bulletin n° 3 :

. . . .

« 5° Les condamnations à l'amende n'excédant pas 200 francs. »

La parole est à M. Bérenger.

M. Bérenger. Messieurs, je n'ai qu'une très simple et très courte observation à présenter au Sénat.

Il s'agit de savoir quelles sont les condamnations qui ne seront pas inscrites au bulletin n° 3.

Le Sénat a eu à choisir entre deux systèmes : l'un qui voulait que toutes les condamnations y figurassent, l'autre d'après lequel il y avait un choix à faire entre ces condamnations, dans le but d'en éliminer celles qui seraient ou tout à fait infimes ou évidemment excusables.

C'est ce dernier système qui a prévalu. Nous sommes donc aujourd'hui d'accord sur ce point qu'il y a certaines condamnations de moindre importance qui ne doivent point figurer parmi les mentions du bulletin.

Le projet en a fixé les diverses catégories dans l'article que nous discutons ; je demande qu'on en ajoute une nouvelle, dont un simple oubli me semble avoir causé l'omission, tant je la juge plus intéressante que la plupart de celles qui ont été adoptées déjà. Cette catégorie est celle des condamnations à une simple amende.

Je sais qu'il y a des condamnations à l'amende excessivement graves. En matière d'usure, par exemple, on peut prononcer des condamnations très considérables ; je demeure d'accord que dans ce cas, c'est-à-dire lorsque la condamnation a atteint un taux élevé, bien qu'elle ne soit que d'une amende, elle doit figurer au bulletin.

Mais mon amendement tient compte de la réserve que je fait à cet égard. Il ne vise en effet que les condamnations n'excédant pas 200 fr.

Je crois suffisamment le justifier en rapprochant simplement les conditions dont il s'agit d'une des dispositions déjà adoptées par la commission et par le Sénat. D'après le projet, les condamnations avec sursis à un mois ou à moins d'un mois d'emprisonnement ne figureront plus au bulletin. Or, je le demande, une condamnation à l'amende, même sans sursis, n'est-elle pas moins grave qu'une condamnation à l'emprisonnement avec sursis ?

Cette dernière est, à la vérité, suspendue ; mais il pourra se faire, si la conduite de l'individu trompe les espérances des magistrats, qu'elle devienne définitive. N'a-t-elle pas par ce côté un caractère de gravité supérieur à celui de la condamnation à la simple amende ?

Je pense donc que, du moment où cette dernière catégorie a été admise, il n'est que juste de traiter de la même manière la simple condamnation à l'amende. On objecte à la vérité qu'il n'y a pas à cela d'utilité ; qu'un patron raisonnable, un homme de bon sens auquel on présentera un casier judiciaire ne comportant qu'une condamnation à l'amende n'en tiendra pas compte et qu'il n'en accordera pas moins le travail ou l'emploi dont il peut disposer.

Eh bien, Messieurs, ce serait une erreur de le croire. Depuis le vote de la loi en 1ʳᵉ délibération, un certain nombre de cas m'ont été signalés. J'en ai connu d'autres en m'occupant de certaines demandes en réhabilitation, et j'ai pu constater, par des faits absolument démontrés, qu'une simple condamnation à l'amende suffisait pour faire rejeter des demandes d'emploi ou même simplement de travail manuel.

Ainsi, l'administration de la ville de Paris n'accorde l'emploi, cependant bien infime et néanmoins extrêmement sollicité, de balayeur dans les rues qu'à des individus n'ayant aucune mention sur leur casier judiciaire : une simple amende inscrite suffit pour le leur faire refuser.

Voici d'autres exemples non moins significatifs :

Un individu condamné à 16 francs d'amende pour un délit en matière de douane s'est vu refuser un emploi de garde particulier. Un autre, condamné à 25 francs d'amende pour outrages, se présentant à une adjudication publique, s'en est vu écarter comme ayant un casier judiciaire.

J'ai précédemment parlé d'un jeune homme de fort bonne famille qui s'étant laissé entraîner, dans un tumulte public, à rudoyer un agent, et ayant été condamné pour ce fait à 30 francs d'amende, s'est vu refuser un emploi dans une société financière importante.

Puisqu'on fait un aussi regrettable usage de mentions sur le casier d'aussi minime importance, n'est-il pas légitime de déclarer qu'à l'avenir les condamnations à une amende de peu d'importance n'y figureront plus ?

C'est, Messieurs, à cela que se borne ma proposition.

M. le rapporteur. Je demande la parole.

M. le président. La parole est à M. le rapporteur.

M. Jules Godin, *rapporteur*. Messieurs, l'honorable M. Bérenger me permettra de lui dire qu'il est presque insatiable. Nous lui avons fait, dans la commission, un certain nombre de concessions, il le reconnaîtra certainement ; nous avons admis une partie de ses amendements. Aujourd'hui...

M. Bérenger. La commission n'a pas voté sur l'amendement que nous discutons en ce moment, veuillez le remarquer ; elle a ajourné sa délibération.

M. le rapporteur. Je vous demande pardon : elle a si bien délibéré qu'au moment de la délibération j'ai pris note, sur l'amendement lui-même, des différentes décisions qui ont été prises.

M. Jules Cazot, *président de la commission*. Il n'y a pas eu de vote.

M. le rapporteur. Pardon, monsieur le président, je suis certain de ce que j'avance, car j'ai pris des notes, je le répète, au moment de la délibération.

M. Bérenger. Je crois que vous faites erreur.

M. le rapporteur. L'amendement de M. Bérenger comportait trois parties ; nous en avons accepté une et repoussé deux et, en particulier, la mention relative aux condamnations à l'amende.

Les exemples que citait tout à l'heure l'honorable M. Bérenger ne me paraissent pas topiques, par la raison très simple qu'il les a choisis dans des cas où les extraits des casiers sont produits à des administrations publiques.

Or, les administrations publiques reçoivent le bulletin n° 2 qui est complet.

Ainsi, lorsque quelqu'un demande à être garde particulier, — c'est l'exemple qui était invoqué tout à l'heure — c'est-à-dire lorsqu'il demande à être assermenté et à pouvoir dresser des procès-verbaux, que fait l'administration ? Elle demande le bulletin n° 2.

Par conséquent, il importe assez peu que, sur le bulletin n° 3, il y ait ou non les condamnations que vise M. Bérenger ; l'administration sera toujours avertie par la délivrance des bulletins n° 2.

Mais la vraie réponse aux observations de l'honorable M. Bérenger est contenue dans la décision du Sénat en 1re délibération. Le Sénat a admis, en effet, que la plupart des condamnations à l'amende seraient prescrites, en ce qui concerne le bulletin n° 3, par le délai d'un an.

Ainsi, au bout d'une année, la condamnation n'est plus inscrite au bulletin n° 3...

M. Bérenger. A la condition qu'elle ne dépasse pas 25 fr. ; ce n'est pas la même chose !

M. le rapporteur. Pour les autres condamnations le délai est de cinq ans.

Dans ces conditions, je me demande comment vous pouvez supprimer sur le bulletin n° 3 toutes les condamnations à l'amende, alors qu'il est certaines d'entre elles qui peuvent avoir une grande importance.

M. Bérenger vous citait, par exemple, le délit d'usure, qui n'est puni que d'une amende ; il n'en est pas moins incontestable que ce délit est un délit grave et que, si vous supprimez la mention de condamnation à l'amende, vous permettez évidemment de délivrer un casier qui ne sera pas l'expression de la vérité ; vous permettez à une personne condamnée pour délit d'usure d'usurper la qualité d'honnête homme en produisant un casier qui portera *néant*, alors qu'il y aura eu une condamnation de cette nature. Cela ne me paraît pas possible.

M. Guibourd de Luzinais. On finira par porter préjudice aux honnêtes gens, à l'avantage des coquins.

M. le rapporteur. C'est précisément l'observation par laquelle j'allais terminer. Il est bon de supprimer du bulletin n° 3 un certain nombre de condamnations ; mais, si l'on veut qu'il signifie quelque chose, il faut évidemment qu'il porte mention de toutes les condamnations sérieuses, de nature à porter atteinte à l'honorabilité de la personne ; il ne faut pas que quelqu'un puisse présenter un casier portant « néant », alors qu'il a dans son passé des faits qui touchent à son honorabilité.

M. Demôle. Le délit de vol peut être puni d'une simple amende.

M. Bérenger. Quand le vol est puni d'une amende, c'est qu'il est absolument insignifiant. (*Réclamations sur plusieurs bancs.*)

M. le Garde des Sceaux. Le Gouvernement repousse l'amendement.

M. Bérenger. Permettez-moi de dire que si le ministère public, quand il a poursuivi pour délit de vol, s'était douté que la condamnation prononcée serait l'amende, il n'aurait certainement pas poursuivi. (*Mouvements divers.*)

Une condamnation aussi faible, intervenant après les poursuites exercées pour un délit aussi grave, indique avec évidence que l'enquête ou l'instruction à l'audience a révélé des circonstances très particulières qui ont singulièrement atténué la portée du fait et auraient assurément fait arrêter la poursuite si elles avaient été connues d'abord.

M. le président. Personne ne demande la parole ?...

Je mets aux voix l'amendement de M. Bérenger, qui est ainsi conçu :

« Ne seront pas inscrites au bulletin nº 3 :

« 1º Les condamnations à l'amende n'excédant pas 200 francs. »

Le Gouvernement, d'accord avec la commission, repousse l'amendement.

(L'amendement n'est pas adopté.)

M. le président. Je donne une nouvelle lecture du paragraphe 5 :

« Une première condamnation à un emprisonnement de trois mois ou de moins de trois mois prononcée par application des articles 67, 68 et 69 du Code pénal. » — (Adopté.)

« 6º Les condamnations avec sursis à un mois ou moins d'un mois d'emprisonnement avec ou sans amende. »

M. le rapporteur. Il faut dire « la condamnation », parce qu'il ne peut pas y avoir plusieurs condamnations avec sursis, aux termes de la loi de 1891.

M. Guibourd de Luzinais. Nous demandons à la commission de vouloir bien nous fournir quelques explications sur ce point.

M. le Garde des Sceaux. Je demande la parole.

M. le président. La parole est à M. le Garde des Sceaux.

M. le Garde des Sceaux. Messieurs, je suis très frappé de la différence qui existe entre le nouveau texte proposé aujourd'hui par la commission et celui qui avait été voté en 1re délibération.

Voici, en effet, comment s'exprime actuellement la commission : « Ne sont pas inscrites au bulletin nº 3 :...

« 6º Les condamnations avec sursis à un mois ou moins d'un mois d'emprisonnement avec ou sans amende. »

Ainsi, l'exemption d'inscription sur le casier judiciaire pour les condamnations avec sursis, quand elles sont inférieures à un mois d'emprisonnement, est maintenant générale quelle que soit, entendez-le bien, la cause de la condamnation.

Je crois que cela est excessif.

Dans le texte voté en première lecture, on avait eu soin d'excepter les délits qui portent d'une manière très sensible atteinte à l'honorabilité et dont les tiers doivent être avertis. On avait donc excepté du bulletin nº 3 « une première condamnation » — car il faudrait, dans tous les cas, dire « une première condamnation » au lieu de « les condamnations », — on avait eu soin, dis-je, d'exclure de la faveur accordée les délits qui portent véritablement atteinte à l'honorabilité, qui démontrent une perversion particulière, à savoir : le vol, l'escroquerie, l'abus de confiance et l'attentat aux mœurs.

J'estime que le Sénat devrait reprendre le texte voté en première délibération plutôt que d'accepter la rédaction générale proposée aujourd'hui. (*Très bien ! sur divers bancs.*)

M. le rapporteur. Je demande la parole.

M. le président. La parole est à M. le rapporteur.

M. le rapporteur. Messieurs, les observations présentées par M. le Garde des Sceaux portent sur deux points.

Le paragraphe 6 dit : « Les condamnations avec sursis à un mois ou moins d'un mois d'emprisonnement avec ou sans amende. »

Or, d'après la loi de 1891, il ne peut y avoir qu'une première condamnation avec sursis ; il faut, par conséquent, dire : « La condamnation avec sursis. »

M. Guibourd de Luzinais. « Une première condamnation. »

M. le rapporteur. Cela revient au même.

M. Guibourd de Luzinais. Il vaut mieux que le texte soit clair.

M. Bérenger. Les mots « une première » n'auraient pas de sens, puisqu'il ne peut y en avoir une seconde.

M. le rapporteur. La rédaction, je crois, importe peu à ce point de vue.

Mais il a été fait une seconde observation beaucoup plus grave, qui est celle-ci : d'après le texte voté par le Sénat en 1re délibération, on avait excepté de la restriction visée par le paragraphe en discussion les condamnations pour vol, escroquerie, abus de confiance, etc.

M. Guibourd de Luzinais... et attentat aux mœurs.

M. le rapporteur... c'est-à-dire que, lorsqu'un individu avait été condamné pour vol, escroquerie, etc., les condamnations devaient être portées à son bulletin n° 3.

La majorité de la commission, Messieurs, s'est prononcée pour la suppression de cette disposition ; mais, en ce qui me concerne personnellement, je fais partie de la minorité et j'ai voté pour le maintien du texte primitif. Je n'ai donc rien à répondre aux observations de M. le Garde des Sceaux et je m'en rapporte, sur ce point, à la décision du Sénat.

M. Guibourd de Luzinais. Je demande la parole.

M. le président. La parole est à M. Guibourd de Luzinais.

M. Guibourd de Luzinais. Messieurs, j'ai demandé la parole pour reprendre à titre d'amendement le texte voté par le Sénat en 1re lecture.

Je considère, comme M. le Garde des Sceaux, que ce texte n'a pas été heureusement modifié par la commission entre les deux délibérations. D'abord, je maintiendrais volontiers ces mots : « une première condamnation avec sursis. » Sans doute, comme l'a dit M. Bérenger, ces mots ne sont pas absolument indispensables, car les légistes savent que la seule condamnation pour laquelle un sursis peut être accordé est « la première ».

Mais les légistes ne sont pas seuls à lire les lois et, pour les citoyens en général, ces mots « une première condamnation » offrent l'avantage d'expliquer par eux-mêmes quelle est la principale raison d'être de l'exception qui va être introduite. C'est bien parce qu'il s'agit d'une première condamnation que cette exception est admise.

Ceci dit sur cette simple question de rédaction, le Sénat comprend que c'est dans un intérêt plus important et plus élevé que je lui demande de maintenir le texte voté par lui en première lecture et que je reprends ce texte à titre d'amendement.

Il était ainsi libellé : « Ne sont pas inscrits au bulletin nᵒ 3.

« 5ᵒ Une première condamnation avec sursis soit à un mois ou moins d'un mois d'emprisonnement, soit à une amende supérieure à 50 francs, mais n'excédant pas 500 francs, prononcée pour un délit autre que le vol, l'escroquerie, l'abus de confiance ou l'attentat aux mœurs, prévu par l'article 334 du Code pénal, et le délit de l'article 400 du Code pénal. »

Ainsi, Messieurs, vous le voyez, le Sénat avait décidé de faire une grande faveur à certains condamnés, en permettant que, pour quelques-uns d'entre eux, même parmi ceux qui avaient encouru une condamnation à un mois d'emprisonnement, on ne fît pas figurer cette condamnation à leur casier judiciaire ; mais vous aviez eu la sagesse d'exclure de cette faveur les condamnés pour délits les plus graves, c'est-à-dire pour vol, pour escroquerie, pour abus de confiance, pour attentat aux mœurs.

Aujourd'hui la commission, à la majorité, vous propose de revenir sur cette prudente limitation et d'accorder la faveur sans exception. Vous voyez certainement, Messieurs, quelles seraient les redoutables conséquences d'une pareille extension si le Sénat venait à l'adopter.

Vous désarmeriez ceux qui ont le droit de savoir quels sont les antécédents des personnes qu'ils vont employer et recevoir chez eux, à l'atelier et peut-être dans leur propre demeure ; si vous adoptiez le nouveau texte de la commission, nul désormais ne pourrait avoir la certitude qu'il n'a pas chez lui un voleur ou un escroc.

Laissez-moi ajouter qu'ainsi vous porteriez atteinte, non seulement aux droits de celui qui emploie, mais aux droits les plus essentiels des braves gens qui n'ont pas failli et qui ont besoin de gagner leur vie par le travail.

Qui de nous, en effet, ne voit quelles difficultés éprouvent à se placer beaucoup d'honnêtes ouvriers, qui n'ont aucun reproche à se faire. Vous augmenteriez la concurrence qui leur est faite et cela en faveur de gens qui, eux, ne sont pas sans reproches graves.

Ainsi, d'une part, vous désarmeriez les gens qui ont droit aussi bien qu'intérêt des plus légitimes à être renseignés sur le passé de ceux qu'ils vont employer à l'atelier ou dans leur domicile personnel, et par ailleurs vous augmenteriez encore pour les honnêtes ouvriers ou serviteurs la difficulté déjà si grande de se procurer du travail. L'homme d'un certain âge a, vous le savez, beaucoup de peine déjà à se placer et la parfaite honorabilité de sa vie est son meilleur titre ; comment alors permettriez-vous qu'on lui en disputât le bénéfice au profit d'hommes qui auront, au contraire, des reproches graves à se faire puisqu'ils auront été condamnés pour vol, escroquerie, abus de confiance ou attentat aux mœurs ?

C'est à si bon droit que le Sénat s'y était refusé en 1ʳᵉ lecture, que je vous demande, me trouvant sur ce point d'accord avec M. le Garde des Sceaux, de maintenir en 2ᵉ délibération le texte par vous voté une première fois et repris ici à titre d'amendement. (*Très bien ! très bien !* *sur divers bancs.*)

M. Bérenger. Je demande la parole.

M. le président. La parole est à M. Bérenger.

M. Bérenger. Messieurs, la question qui se pose est celle de savoir quelle est la portée qu'on entend donner à la loi sur le sursis.

Veut-on que l'individu qui l'a obtenu, soit traité comme si sa condamnation était définitive ? Veut-on, au contraire, — prêtant ainsi main forte à la pensée des magistrats et la complétant — qu'il ne voie pas sa vie interrompue et brisée peut-être par cette condamnation et que, jugé excusable, il ne puisse plus trouver le travail qui seul lui permettra, en se rendant digne de l'indulgence obtenue, de s'en assurer le bénéfice ? Tout est là ?

Voyez, en effet, quelle contradiction, en suivant l'avis de M. le Garde des Sceaux, vous créeriez entre l'esprit qui a inspiré la loi et son application.

Pourquoi a-t-on accordé aux juges ce pouvoir nouveau, en présence d'une première faute et de circonstances particulièrement excusables, de suspendre pendant un temps l'exécution de la peine, si ce n'est afin que l'auteur d'une faute accidentelle ne soit pas perdu par les conséquences si graves qu'entraînent la plupart des condamnations, le danger d'abord de la prison, où il aurait tant de chances de se pervertir, au milieu de la promiscuité avec les pires condamnés, celui non moins grave ensuite de se voir jeté dans les difficultés d'existence résultant de l'impossibilité de se reprendre à une vie laborieuse et de retomber, par le manque de travail, dans la récidive.

Oui, la pensée du magistrat a été une pensée de salut. La question du casier judiciaire s'est alors posée et on a parfaitement compris qu'elle pouvait devenir fatale à ceux qu'on voulait sauver.

Pour être logique, il eût fallu décider que la condamnation n'y serait pas mentionnée, car la flétrissure qu'on voulait éviter par la condamnation risquerait de se produire par le fait du casier judiciaire et les espérances de relèvement pourraient en être gravement compromises.

Nous n'avons pas cru devoir aller jusque-là ; nous avons pensé qu'il suffirait de mentionner expressément le sursis à côté de la condamnation, pour éveiller la bienveillance des tiers et assurer, de la part de tout le monde, aux bénéficiaires de la loi le pardon dont les magistrats les jugeaient dignes. Il n'en a rien été ; on n'a fait aucune différence entre la mention de la condamnation suspensive et la mention de la condamnation définitive, et il s'ensuit qu'à l'heure actuelle ces malheureux qu'on voulait sauver, sont trop fréquemment perdus par les mentions qui les poursuivent. C'est pour réagir contre cette déplorable conséquence, c'est pour assurer à la loi de 1891 l'effet qu'en réalité on avait voulu lui faire produire, que nous avons proposé l'amendement en discussion. La commission l'a adopté. Je regrette que M. le rapporteur ne se trouve pas d'accord avec elle. Mais j'ai l'espoir que les arguments par lesquels il vient de le combattre n'ont pas ébranlé sa conviction, et c'est en son nom que je demande au Sénat de l'adopter. (*Marques nombreuses d'approbation.*)

M. le président. Personne ne demande plus la parole?...

Le Sénat est en présence de deux textes : celui qui a été voté par le Sénat en 1re délibération et celui que propose la commission. **M. le Garde des Sceaux**, ainsi que notre honorable collègue, M. Guibourd de Luzinais, demandent au Sénat de repousser le texte proposé par la commission et de revenir au texte adopté en 1re délibération.

M. Halgan. Il serait peut-être utile de donner de nouveau lecture des deux rédactions.

M. le président. Je vais faire cette lecture, puisqu'elle est demandée.

Voici la rédaction proposée par la commission :

« 6° La condamnation avec sursis à un mois ou moins d'un mois d'emprisonnement avec ou sans amende. »

Le texte voté en 1re délibération porte :

« Une première condamnation avec sursis soit à un mois ou moins d'un mois d'emprisonnement, soit à une amende supérieure à 50 francs, mais n'excédant pas 500 francs, prononcée pour un délit autre que le vol, l'escroquerie, l'abus de confiance ou l'attentat aux mœurs, prévu par l'article 334 du Code pénal, et le délit de l'article 400 du Code pénal. »

Je mets aux voix la rédaction proposée par la commission qui est un amendement au texte voté en 1re délibération. Cette rédaction est repoussée par le Gouvernement.

(Une première épreuve à mains levées est déclarée douteuse.)

M. Léopold Faye. Le Sénat n'est pas en nombre.

M. le président. Le vote est commencé et l'observation est tardive. Il fallait la faire avant que le Sénat ait été consulté. Nous sommes maintenant obligés d'achever le vote.

(Une seconde épreuve, par assis et levé, a lieu.— Le texte de la commission est adopté.)

M. le président. « 7° Les déclarations de faillite, si le failli a été déclaré excusable par le tribunal ou a obtenu un concordat homologué et les déclarations de liquidation judiciaire ».

Sur ce paragraphe, il y avait un amendement de M. Garreau.

M. Garreau. Je demande la parole.

M. le rapporteur. L'amendement a été adopté par la commission et introduit dans la rédaction qu'elle propose.

M. le président. M. Garreau ayant demandé la parole sur cet amendement, je dois la lui donner.

La parole est à M. Garreau.

M. Garreau. Messieurs, la commission et le Gouvernement ayant accepté l'amendement que j'ai eu l'honneur de déposer sur l'article 7, et cet amendement ayant pris place dans la nouvelle rédaction qui est aujourd'hui soumise à votre approbation, je demande au Sénat la permission de lui présenter quelques très courtes observations pour le justifier.

M. Léopold Faye. Ce n'est pas la peine !

M. le président. Le paragraphe en discussion n'est pas encore adopté par le Sénat ; par conséquent M. Garreau a le droit de parler.

M. Garreau. Par un vote auquel j'ai été heureux de m'associer tout à l'heure, vous avez donné une existence légale au bulletin n° 3, et vous avez décidé qu'un certain nombre de condamnations ne figureraient pas à ce bulletin. Il m'avait semblé, dès la première heure, qu'il était juste d'étendre le même bénéfice à toutes les liquidations judiciaires et à un certain nombre de faillites.

Le projet de loi élaboré par le Conseil d'Etat contenait cette dispense et proposait même d'en faire bénéficier toutes les faillites, ce qui pouvait paraître excessif.

Les raisons d'une telle disposition, je les trouve nettemeut formulées dans le très remarquable rapport que M. le conseiller d'Etat Jacquin a fait sur cette importante question du casier judiciaire. Voici, messieurs, dans quels termes il s'exprimait :

« L'article 8 (7 actuel) indique un certain nombre de décisions qui ne doivent pas figurer au bulletin n° 3...

« Les exceptions qu'il énumère sont déjà pour la plupart admises par la pratique ministérielle ; elles ne portent pas, sauf pour les amendes non supérieures à 50 francs, ou les peines de simple police, sur les délits de droit commun. Ces condamnations, dispensées de l'inscription, sont inutiles à connaître pour les tiers, qui recevraient le bulletin de la main de l'intéressé, parce qu'elles ne touchent à aucun degré à la probité ou à la moralité, ou parce que la loi pénale elle-même les considère comme non avenues ».

La commission du Sénat n'avait pas hésité à se rallier elle-même à cet avis, et le texte qu'elle proposait à votre approbation en 1re délibération est la reproduction de mon amendement, avec cette différence toutefois qu'au lieu de s'étendre à toutes les faillites, mon amendement s'étend simplement à un certain nombre de faillites, c'est-à-dire à toutes les faillites qui ont été suivies soit d'excusabilité, soit de concordat.

Cette limitation apportée par mon amendement est, aujourd'hui, acceptée par la commission et par le Gouvernement.

En ce qui concerne la liquidation judiciaire, vous savez que c'est la loi du 4 mars 1889 qui l'a organisée. Elle permet aux commerçants malheureux et de bonne foi de se soustraire aux conséquences désastreuses de la faillite, par le dépôt au greffe de leur bilan dans la quinzaine qui suit la cessation des payements.

Cette loi apporte évidemment une amélioration très heureuse à la législation si rigoureuse des faillites. Il n'en est pas moins vrai qu'elle laisse encore peser des incapacités très graves sur les liquidés. C'est ainsi qu'elle leur enlève, sans esprit de retour, la jouissance de leurs droits civils ; c'est ainsi encore qu'elle leur fait perdre leurs droits d'éligibilité, si elle leur conserve leurs droits d'électeurs.

Pourtant, messieurs, il est juste de le reconnaître, ces malheureux n'ont, la plupart du temps, commis qu'une faute bien pardonnable, hélas ! celle de n'avoir pas réussi dans leurs entreprises industrielles ou commerciales. Si la loi qui est en discussion ne vous permet pas de leur rendre ces droits précieux qu'ils ont définitivement perdus et qu'ils auraient conservés si, n'étant pas commerçants, ils avaient même imposé à leurs créanciers des pertes infiniment plus considérables, elle vous offre du moins la possibilité de faire disparaître de leur casier judiciaire la note qui rappelle leur chute commerciale et qui ne rap-

pelle jamais, quoi qu'il advienne, les événements postérieurs qui ont
pu la modifier d'une manière très heureuse, je veux parler de l'excusabilité ou du concordat.

Il y a là une lacune regrettable que le texte proposé a pour but de
combler. L'adoption de cette disposition intéresse un très grand nombre de commerçants et, à cet égard, il m'a plu de me reporter au compte
rendu de la justice civile et commerciale en France et en Algérie pour
l'année 1893, le dernier paru, et j'y ai constaté, comme vous pourrez le
faire vous-mêmes, que, dans l'année 1893, il avait été ouvert, en France,
4,508 liquidations judiciaires.

En ce qui concerne les faillis, le texte soumis à vos délibérations
comporte une distinction qui, dès la première heure, m'est apparue
comme absolument nécessaire. Le texte qui vous est soumis, vous propose de laisser en dehors des bienfaits de la loi deux catégories de faillis : la première contient tous ceux qui ont été déclarés banqueroutiers
frauduleux ; la seconde, tous ceux dont les faillites n'ont pas été suivies
soit d'un concordat, soit de l'excusabilité.

Pour tous ceux-là, nous voulons bien admettre la présomption, bien
qu'elle ne soit pas toujours fondée, qu'ils n'ont pas droit à l'indulgence
de la loi ; mais il n'en saurait être ainsi pour les faillis dont la faillite
a été suivie, soit de concordat, soit d'excusabilité, et vous ne sauriez
vous montrer plus rigoureux à l'égard de ces malheureux que ne l'ont
été les créanciers eux-mêmes qui, bons appréciateurs des circonstances de la faillite et parfois juges sévères, les ont reconnus dignes d'excusabilité ou de la faveur du concordat.

Avant la loi de 1867 qui a aboli la contrainte par corps, l'excusabilité constituait, dans notre législation, un bénéfice appréciable parce
qu'elle avait pour premier résultat de soustraire à l'application rigoureuse de la contrainte par corps tous ceux qui en étaient l'objet. Mais,
depuis la loi de 1867, l'excusabilité ne constitue plus, dans notre loi,
qu'un bénéfice purement moral ; il dépend de vous de lui restituer,
dans une certaine mesure, le caractère utilitaire dont l'a dépouillée la
loi de 1867.

Mon amendement demande la même faveur, le même bénéfice pour
les faillis concordataires, c'est-à-dire pour tous ceux qui se sont libérés
de leurs dettes au moyen d'engagements acceptés par leurs créanciers
et sanctionnés par les tribunaux de commerce.

Il y a là, messieurs, une catégorie importante de débiteurs, sur lesquels je me permets d'appeler votre attention.

Je vous citais tout à l'heure « le compte rendu de la justice civile et
commerciale en France et en Algérie pour 1893 » ; ce compte rendu
nous fournit encore un renseignement très précieux. Il nous apprend
qu'en 1893 il a été déclaré en France 890 faillites qui ont été suivies de
concordats. Je voudrais, messieurs, pouvoir vous livrer le nombre des
débiteurs qui ont bénéficié de l'excusabilité. Malheureusement, le
compte rendu de la justice civile et commerciale en 1893 est resté absolument muet en ce qui concerne les faillis excusés.

Vous pouvez tenir, en tout cas, en toute sûreté de conscience, pour
des gens méritant véritablement les faveurs de la loi, tous ceux qui,
tombés en faillite, abandonnent à leurs créanciers non seulement tout

leur avoir, mais souvent s'imposent en leur faveur plusieurs années de travail et de durs sacrifices, tous ceux qui, par des efforts constants, ont voulu se soustraire aux conséquences rigoureuses de la faillite et, en réalité, remplissent dans la mesure la plus large tous les engagements qu'ils avaient pu contracter envers leurs créanciers.

Il serait véritablement injuste d'assimiler les débiteurs dont je parle, c'est-à-dire les faillis excusés et les faillis concordataires, aux faillis banqueroutiers frauduleux, en les mettant sur un pied d'égalité complète au point de vue du casier judiciaire.

Il y aurait là, de notre part, une véritable iniquité. C'est ainsi qu'en ont jugé la commission et le Gouvernement, puisqu'ils acceptent l'un et l'autre l'amendement que j'ai eu l'honneur de déposer.

Je sais bien que notre législation actuelle permet à tous ces commerçants malheureux la réhabilitation ; mais, comme vous le faisait remarquer fort justement, lors de la 1re délibération, notre éminent collègue, M. Bérenger, c'est là une ressource qui, en somme, n'est pas à la portée de tous. Elle est hérissée de tant de difficultés, qu'on peut dire avec raison, qu'elle apparaît à tous les débiteurs à peu près comme un port inaccessible.

Il y a un renseignement qui, à cet égard, serait absolument démonstratif ; ce serait le compte rendu de la justice dont je vous parlais tout à l'heure, s'il pouvait nous révéler le chiffre des réhabilitations prononcées chaque année au profit de ces malheureux.

En tout cas, vous ne diminuerez pas le nombre des réhabilitations, Messieurs, et vous aurez apporté, par le vote de mon amendement, à la situation de ces malheureux une amélioration véritablement considérable, que j'attends, avec le Gouvernement et avec la commission, de la justice du Sénat. (*Très bien !*)

Un sénateur à gauche. Nous sommes tous d'accord.

M. le président. M. Garreau étant d'accord avec la commission, je mets aux voix le texte nouveau proposé par la commission et dont je donne une nouvelle lecture :

« 7° Les déclarations de faillite, si le failli a été déclaré excusable par le tribunal ou a obtenu un concordat homologué et les déclarations de liquidation judiciaire. »

(Le paragraphe 7 est adopté.)

M. le président. Je mets aux voix l'ensemble de l'article 7.

(L'article 7, mis aux voix, est adopté.)

M. le président. « Art. 8. — En cas de condamnation ultérieure à une peine autre que l'amende, le bulletin n° 3 reproduit intégralement les bulletins n° 1, à l'exception des cas prévus par les paragraphes 1, 2, 3, 4, 6 de l'article 7. »

M. le Garde des Sceaux. Je demande la parole.

M. le président. La parole est à M. le Garde des Sceaux.

M. le Garde des Sceaux. Messieurs, je veux appeler l'attention du Sénat sur un fait que, pour ma part, je ne m'explique pas très bien.

Lors de la 1re délibération, l'article qui est aujourd'hui devenu l'article 8 portait le n° 9.

Cet article 9 disposait qu' « en cas de condamnation ultérieure à une peine autre que l'amende, le bulletin n° 3 reproduit intégralement les bulletins n° 1 ».

C'est cet article modifié par la commission qui devient l'article 8 de la nouvelle rédaction.

Or, voici quelle était l'économie de la loi votée en 1re lecture : dans l'article 8 on établissait ce que nous avons appelé la prescription du casier judiciaire. On décidait que, pour certaines condamnations, lorsqu'un délai déterminé se serait écoulé après l'exécution de la peine, ces condamnations disparaîtraient du casier judiciaire. Cette faveur n'avait été accordée qu'à des condamnations uniques. Ainsi, lorsqu'un individu avait été condamné une fois la condamnation figurait sur le casier judiciaire ; mais si, pendant un certain délai, qui variait suivant l'importance de la peine prononcée, une nouvelle condamnation n'était pas survenue, la condamnation disparaissait désormais du casier judiciaire.

C'est alors que l'article 9 apportait à la règle un correctif nécessaire. Si, par la suite, disait-il en substance, l'individu qui a profité de cette faveur de la loi, encourt une nouvelle condamnation, on rétablira sur le bulletin n° 3 la condamnation qui avait disparu par suite de la prescription.

Le système de la loi se comprenait très bien.

Aujourd'hui cet article 9 est devenu l'article 8, et il semble qu'il soit destiné à s'appliquer à l'article 7.

Il s'exprime, en effet, ainsi :

« Art. 8. — En cas de condamnation ultérieure à une peine autre que l'amende, le bulletin n° 3 reproduit intégralement les bulletins n° 1, à l'exception des cas prévus par les paragraphes 1, 2, 3, 4, 6 de l'article 7. »

Je ne comprends pas comment cet article peut modifier l'article 7 ; j'estime qu'il y a là une erreur de numérotage et que l'article 9 doit devenir l'article 8, tandis que l'article 8 reprendra son ancien numéro et redeviendra l'article 9.

M. le rapporteur. Je demande la parole.

M. le président. La parole est à M. le rapporteur.

M. le rapporteur. Je fais d'abord remarquer que, dans l'article 8, il est nécessaire de faire disparaître l'indication du paragraphe 6 par suite de la modification qui a été apportée dans l'article 7 à ce paragraphe.

Le texte serait donc celui-ci : « A l'exception des cas prévus pour les paragraphes 1, 2, 3, 4 de l'article 7. »

Il s'agit dans l'article 8 du point de savoir, si, en cas de condamnation nouvelle, on doit tenir compte des condamnations prononcées auparavant. Aux termes de l'article 7, il y a un certain nombre de condamnations qui ne doivent pas figurer au casier judiciaire.

L'article 8 vise ces condamnations et décide qu'en cas de condamnation nouvelle, on fait figurer au casier toutes les condamnations prononcées. La loi dit : « Le bulletin n° 3 reproduit intégralement le bulletin n° 1. »

La question posée par M. le Garde des Sceaux est celle-ci : Lorsqu'il y aura prescription du bulletin n° 3, si au bout de cinq ou de dix ans, l'individu subit une nouvelle condamnation, doit-on aller rechercher les condamnations antérieures pour les inscrire au bulletin n° 3 ?

La commission n'a pas eu à examiner cette question. Comme rapporteur, je ne puis donc pas donner un avis.

Le Sénat a entendu M. le Garde des Sceaux et il verra quelle décision lui paraîtra la meilleure.

M. Adolphe Cochery. Quel est l'avis de la commission ?

M. le rapporteur. La commission, je le répète, n'en a pas délibéré.

M. Adolphe Cochery. Alors, je demande le renvoi à la commission.

M. le président. J'entends demander le renvoi à la commission.

M. le rapporteur. Monsieur le président, la commission accepte la proposition de M. le Garde des Sceaux.

M. le président. Veuillez me dire, monsieur le Garde des Sceaux, comment alors doit être rédigé l'article.

M. le Garde des Sceaux. Monsieur le président, il y a simplement lieu de donner à l'article 9 le n° 8 et à l'article 8 le n° 9.

M. le président. C'est la seule modification qui est faite !

M. le Garde des Sceaux. Parfaitement !

M. le président. Je la mets aux voix.

(La modification est adoptée.)

M. Bérenger. Je crois, messieurs, qu'il y aurait une petite modification à faire à cet article. Il y est dit : « En cas de condamnation ultérieure à une peine autre que l'amende... » La commission n'a voulu évidemment entendre par là que les peines pour crime ou délit. Or, les peines à l'emprisonnement pour simples contraventions pourraient être comprises dans ces expressions évidemment trop larges, ce qui n'a pas été dans sa pensée.

M. le Garde des Sceaux. Voulez-vous me permettre une simple observation ?

Le Sénat vient de statuer sur le changement du numérotage. Quand nous arriverons à discuter l'article 8, devenu l'article 9, votre observation trouvera utilement sa place, car vous avez, je crois, raison quant à la rédaction.

M. Bérenger. Il vaudrait autant résoudre la question dès à présent et voici ce que je proposerais :

« En cas de condamnation ultérieure à un emprisonnement correctionnel ou à une peine plus grave... »

M. le président. La commission accepte-t-elle la proposition de M. Bérenger.

M. le rapporteur. Monsieur le président, je demande également que l'on réserve cette discussion pour le moment où nous examinerons l'article 8 qui est devenu l'article 9.

M. Bérenger. J'estimais qu'il était inutile d'avoir deux discussions sur ce point, mais je ne fais pas d'opposition à cette demande.

M. le président. Nous passons alors à l'article 9 qui prend le n° 8. Il est ainsi conçu :

« Art. 8. — Cessent d'être inscrites au bulletin n° 3 délivré au simple particulier :

« 1° Un an après l'expiration de la peine corporelle ou le payement de l'amende, la condamnation unique à moins de six jours de prison ou à une amende ne dépassant pas 25 francs, ou à ces deux peines réunies, sauf le cas où ces condamnations entraîneraient une incapacité civile ou politique. »

Je mets aux voix ces deux paragraphes.

(Les paragraphes sont adoptés.)

M. le président. « 2° Cinq ans après l'expiration de la peine corporelle ou le payement de l'amende, la condamnation unique à six mois ou moins de six mois de prison ou à une amende, ainsi qu'à ces deux peines réunies. » — (Adopté.)

« 3° Dix ans après l'expiration de la peine, la condamnation unique à une peine de deux ans ou moins de deux ans ou les condamnations multiples dont l'ensemble ne dépasse pas un an. »

Ici se place un amendement de l'honorable M. Bérenger.

M. Bérenger. Il est retiré.

M. le rapporteur. L'honorable M. Bérenger demandait, par cet amendement, que les condamnations multiples dont l'ensemble ne dépassait pas un an fussent prescrites par dix ans. La commission a adopté cette disposition et en a fait le final du 3°.

M. le Garde des Sceaux. Je demande la parole.

M. le président. La parole est à M. le Garde des Sceaux.

M. le Garde des Sceaux. Messieurs, en 1re lecture il avait été entendu que le bénéfice de cette prescription du casier judiciaire, qui constitue une faveur considérable pour le condamné, serait réservée au condamné primaire. C'est au profit de celui qui n'avait subi qu'une seule condamnation que le Gouvernement entendait proposer la réforme, et c'est dans cet esprit que le Sénat l'a votée.

Or aujourd'hui, dans le paragraphe en discussion, on modifie complètement la portée de la réforme, en appliquant la prescription du casier judiciaire, au bout de dix ans, non seulement à une condamnation unique à une peine de deux ans ou moins de deux ans de prison, mais même aux condamnations multiples dont l'ensemble ne dépasse pas un an.

Je crois qu'il serait bon d'appeler le Sénat à voter par division, afin de le mettre à même de décider s'il est disposé à accorder cette faveur aux condamnations multiples dont l'ensemble ne dépasse pas un an, ou s'il entend, au contraire, la réserver aux condamnés qui n'ont subi qu'une seule condamnation.

M. le président. Nous allons procéder par division ainsi que le demande M. le Garde des Sceaux.

Je mets aux voix la première partie du paragraphe, dont je donne une nouvelle lecture :

« 3° Dix ans après l'expiration de la peine, la condamnation unique à une peine de deux ans ou moins de deux ans... »

(Cette première partie du paragraphe est adoptée.)

M. le président. «... les condamnations multiples dont l'ensemble ne dépasse pas un an. »

M. Bérenger. Je demande la parole.

M. le président. La parole est à M. Bérenger.

M. Bérenger. Messieurs, la seconde partie du paragraphe qui vous est actuellement soumise n'a point, en effet, été votée en première délibération par le Sénat.

J'ai cru devoir en saisir de nouveau la commission, comme c'était mon droit, et en présence des documents que je lui ai apportés, elle a cru devoir renoncer au principe invoqué par M. le Garde des Sceaux et elle a adopté mon amendement.

Puisqu'il est contesté, je demande au Sénat la permission de lui donner les raisons qui me semblent devoir le faire accueillir également par lui.

M. le Garde des Sceaux disait tout à l'heure qu'à son avis la pensée du Sénat avait été de n'accorder cette faveur de la prescription du casier judiciaire qu'à la condamnation unique.

M. le Garde des Sceaux avait, en effet, érigé cette proposition en principe ; j'ignore s'il a été dans la pensée du Sénat de donner à son vote cette portée. Je pense qu'il ne l'a pas fait expressément. Dans tous les cas, les secondes délibérations sont faites pour permettre d'apporter des modifications aux principes aussi bien qu'aux votes précédemment émis, et je crois user de mon droit en demandant au Sénat de délibérer de nouveau sur la question.

Je comprends qu'il y aurait une sorte d'uniformité séduisante à adopter la proposition de M. le Garde des Sceaux ; mais je crois que nous devons surtout, en ces matières, nous préoccuper d'établir l'égalité, c'est-à-dire la justice entre les cas sensiblement égaux et éviter cette anomalie d'accorder à certaines situations très graves le bénéfice de la loi, alors que des situations plus intéressantes et moins graves en seraient privées.

Voilà, je crois, surtout les considérations qui doivent nous guider. (*Très bien ! sur plusieurs bancs à gauche.*)

Vous avez décidé, Messieurs, en 1re délibération, suivant un système de prescriptions soigneusement graduées, qu'un condamné pourrait prescrire les mentions du casier judiciaire, lorsqu'un temps suffisant d'épreuve et de bonne conduite serait intervenu. Vous avez, par les deux paragraphes précédents, fixé ce temps d'épreuve à une année pour les comdamnations minimes, et à dix ans pour celles qui n'excèdent pas six mois d'emprisonnement.

Vous arrivez maintenant à un degré d'épreuve beaucoup plus long pour la condamnation plus sévère, celle qui va jusqu'à deux ans de prison.

Il s'agit à la vérité du délit unique, de la première atteinte à la loi.

Mais, dans quel cas, une peine aussi considérable aura-t-elle été prononcée ? Dans les circonstances les plus graves, assurément, car il est presque inouï de voir, pour une première faute, à moins que ce ne soit en cour d'assises, prononcer une peine de cette importance. Cela suppose non seulement un cas d'une excessive gravité, mais des doutes sérieux sur la moralité du condamné, car les juges sont généralement indulgents pour la première faute.

Vous décidez cependant — et vous avez raison — qu'en présence d'une épreuve de quinze ans, l'indulgence doit prévaloir et que la prescription peut être accordée.

Eh bien, je demande à mettre en parallèle avec ce cas celui, à mon sens, beaucoup moins grave et qu'il serait injuste, suivant moi, de laisser en dehors de la loi, d'individus ayant commis, à la vérité, successivement plusieurs fautes de beaucoup moindre importance et dont l'ensemble n'a pas atteint un an d'emprisonnement.

Il faut ici préciser.

Ce sera, par exemple, le cas d'un condamné à une peine de quinze jours de prison pour quelque délit, condamné de nouveau, quelque temps après, à un mois ou même à quelque peine plus grave, mais n'atteignant pas avec la première une année. Celui-là, parce qu'il aura été condamné en deux fois au lieu d'une, vous le déclarez indigne du bénéfice de la loi. J'ose dire que cela ne serait pas juste.

Mais voici un cas bien autrement intéressant.

M. le ministre veut exclure toutes les condamnations multiples.

Eh bien ! et les condamnations à l'amende ? Suffira-t-il qu'une condamnation à l'amende intervienne, avec une autre, même légère, à l'emprisonnement, pour exclure le condamné du bénéfice de la loi ?

Je prends la liberté de vous placer, monsieur le Garde des Sceaux, en présence de l'hypothèse suivante — c'est un cas qui peut fréquemment se présenter : un individu aura été condamné à huit jours, peut-être à vingt-quatre heures de prison pour le fait que vous voudrez. Quelque temps après, il aura été condamné à 16 francs d'amende pour délit de chasse ; dans votre pensée, il sera indigne du bénéfice de la loi, alors que vous en faites profiter l'individu qui, du premier coup, aura, épuisant la sévérité du Code, subi deux ans de prison ! Serait-ce légitime ?

Je pourrais vous citer nombre de cas analogues.

Je crois donc m'inspirer d'un sentiment de justice incontestable en disant qu'il faut établir une similitude entre des situations qui n'ont pas été prévues. Je sais bien la considération qu'on invoque. Il ne faut pas d'indulgence pour la récidive : le récidiviste est un ennemi dangereux de la société. C'est un sentiment très juste. Pour celui-là, je pense, comme tout le monde, qu'il faut s'armer de rigueur : il s'agit d'un individu qui a commis, une première fois, un vol qualifié, qui, une seconde fois, retombe dans le même crime, c'est-à-dire d'un homme dont la perversité s'est manifestée par la réitération d'un acte essentiellement coupable, il n'est pas douteux qu'il faut l'exclure du bénéfice de la loi.

Mais je ferai remarquer que ce cas ne rentre nullement dans les conditions que je prévois ; la peine aura été incontestablement sévère pour la première fois et une peine plus sévère encore aura été appliquée pour la seconde, puisque la règle actuelle, depuis la loi de 1891, est qu'en cas de récidive, la seconde peine, même correctionnelle, doit être double de la première. Ce n'est pas l'hypothèse prévue par l'amendement dont la condition essentielle est que l'ensemble des condamnations ne dépasse pas un an. C'est là une mesure raisonnable qui me paraît suffisamment exclure le malfaiteur d'habitude.

Dans ces conditions, la plupart des cas visés seront ceux d'individus ayant subi des condamnations multiples, mais pour des délits généralement différents et pour lesquels il n'est pas possible de dire qu'on se trouve en présence ni d'un homme dangereux, ni même d'un récidiviste quelconque.

Ce sera, par exemple, une première condamnation pour vagabondage ; une seconde pour coups etblessu res, une troisième pour outrages aux agents. Est-ce que vous trouvez que l'homme qui se sera fait condamner une première fois parce qu'il a été sans travail et a vagabondé, une seconde parce que dans un moment de vivacité, il aura donné un coup ; une troisième parce que, dans une agitation de la rue, dans un tumulte public, il aura manqué d'égards à un agent...

M. le rapporteur. Celui-là n'est pas bien intéressant !

M. Bérenger. Vous ne le trouvez pas bien intéressant ? Vous avez raison si vous le comparez à l'homme qui n'a pas péché du tout, et je comprends qu'on ne veuille dans ces conditions ni lui confier sa bourse ni même peut être lui donner un emploi. Mais la question qui se pose en ce moment, est celle de savoir si cet homme n'est pas aussi et même plus intéressant que celui qui a été condamné à deux ans de prison et auquel vous allez accorder le bénéfice de la loi.

Car il faut uniquement se placer dans l'hypothèse où l'amendement et le projet de loi nous mettent. Cette hypothèse, je ne saurais trop le répéter, c'est celle-ci : vous voulez faire une large part à l'indulgence, faciliter le reclassement et la réhabilitation des individus. A côté de la rigueur de la pénalité, vous placez l'encouragement au bien et après la bonne conduite, le pardon ; tout cela est juste et je le demande comme vous. Mais vous dites en même temps : celui qui aura fait deux ans de prison pourra se racheter par quinze ans de bonne conduite, ce qui est encore très légitime ; et je vous dis à mon tour : si vous faites cette faveur à un tel condamné, pourquoi la refuser à celui, assurément moins coupable, qui n'a encouru que des peines légères, n'ayant le plus souvent entre elles aucun lien et dont le total, dans tous les cas, ne dépassera pas un an ?

Pourquoi exclure celui-ci ? Je ne peux vraiment pas le comprendre.

Il y a mieux, et voyez combien la loi serait étrange si vous ne l'amendiez pas : les condamnations multiples doivent toujours être exclues, dit-on. Eh bien ! je suppose que nous nous trouvions en présence de trois condamnations à l'amende : délit de chasse, délit de pêche et coups et blessures ou même de trois délits de chasse. Celui qui les aura subies sera indigne de bénéficier de la faveur accordée au condamné à deux ans. Non, véritablement, Messieurs, ce n'est ni logique, ni juste, ni même sensé. (*Assentiment.*)

Il ne faut pas se laisser aller aux apparences, souvent fort trompeuses en ces matières, et s'abandonner sans réfléchir au sentiment de répulsion naturel et légitime qui doit s'attacher, je le reconnais, avec raison dans beaucoup de cas, à l'homme qui a subi plusieurs condamnations. Il faut voir au fond des choses. Lorsque l'ensemble des condamnations ne représente pas un chiffre élevé, et que quinze ans de bonne conduite, je ne saurais trop le répéter, se seront écoulés, il ne faut pas se montrer implacable.

Je ne voudrais pas abuser de l'attention du Sénat. Je ne puis m'empêcher cependant, Messieurs, de vous soumettre en terminant, un cas particulier qu'une demande de réhabilitation m'a donné lieu récemment de connaître.

Il s'agit d'un enfant abandonné. Il a été élevé jusqu'à l'âge de quinze ans par une famille charitable et s'est fort bien conduit. Malheureusement, à cet âge, cet appui lui a manqué : il s'est trouvé sur le pavé.

Il cherche alors du travail, n'en trouve pas : la police l'arrête la nuit sans domicile, il est condamné une première fois pour vagabondage et subit sa peine. Au sortir de prison, il n'a pas gagné un sou et se trouve plus embarrassé qu'auparavant, car il a désormais un casier judiciaire, qu'il ne peut montrer. Sans travail régulier, il se rend aux Halles où, comme vous le savez, on distribue des soupes de bienfaisance aux indigents. Grâce à cette ressource et aux petites commissions qu'il peut faire, il parvient à vivre pendant quelque temps.

Mais un jour, il n'a plus même l'argent nécessaire pour trouver un gîte, il se couche sur un banc, la police le saisit de nouveau et il encourt une seconde condamnation.

Arrive le moment du service militaire. Il est appelé dans son pays, distant de 80 lieues de Paris. Il faut qu'il parte, il fait ces 80 lieues à pied, en tendant la main, puisqu'il est sans ressources. Arrêté sur la route, il est condamné, une troisième fois, pour mendicité.

Voilà trois condamnations qui, à elles trois, ne dépassent pas dix mois de prison ; et vous allez déclarer que cet homme sera indigne de profiter de la prescription ! De combien de condamnations nouvelles son casier ne serait-il pas enrichi si le service militaire ne l'avait pas sauvé ? Il y a vingt ans de cela ; aujourd'hui il est sauvé. Mais croyez-vous que des cas semblables soient rares ?

Eh bien, c'est pour ceux-là que j'intercède.

Je vous en conjure, Messieurs, que la mesure que vous allez prendre soit humaine pour tous, qu'elle soit juste, qu'elle tienne compte de toutes les situations. En agissant ainsi, vous ne ferez certainement qu'accomplir un acte de justice. (*Très bien ! très bien ! sur plusieurs bancs.*)

M. le Garde des Sceaux. Je demande la parole.

M. le président. La parole est à M. le Garde des Sceaux.

M. le Garde des Sceaux. Je crois devoir insister auprès du Sénat pour lui demander de rejeter l'addition qui a été inscrite dans le texte à la demande de l'honorable M. Bérenger.

En effet, Messieurs, il faut bien comprendre l'économie de la loi qui vous est soumise et surtout ne point la séparer de l'ensemble de notre législation pénale.

Il serait inexact de croire que les inconvénients qu'entraîne après soi le casier judiciaire ne peuvent disparaître que par l'effet de la loi nouvelle.

A l'heure actuelle, il y a des condamnations qui, après avoir figuré au casier judiciaire, en disparaissent. Ce sont d'abord celles qui ont été prononcées sous l'empire de la loi de sursis due à l'honorable M. Bérenger. Au bout de cinq ans, s'il n'y a pas eu de nouvelle condamnation à une peine corporelle, l'inscription au casier judiciaire est effacée.

Il y a ensuite pour tous les condamnés, quels qu'ils soient, que les condamnations soient uniques ou multiples, un moyen de les faire disparaître du casier judiciaire : c'est la réhabilitation. Elle est ouverte à tous les condamnés. Lorsqu'un délai s'est écoulé depuis l'expiration de la peine, ceux qui sont revenus au bien, qui peuvent se présenter le front haut devant la justice et lui dire : « Vous voyez, je me suis amendé, je me suis reclassé », ceux-là sont sûrs que jamais les juges chargés des questions de réhabilitation ne refuseront de rendre en leur faveur une décision, dont le premier effet sera de supprimer toute inscription au casier judiciaire.

Voilà l'état actuel de notre législation.

Nous avons voulu faire plus dans la loi nouvelle et nous vous disons : « La réhabilitation dans certains cas présente de grands inconvénients pour les condamnés, surtout pour celui — et c'est là un des exemples qui ont été cités par l'honorable M. Bérenger lui-même — qui, ayant commis une faute de jeunesse, ayant dans son passé une condamnation qu'il n'a jamais osé avouer à personne, ne se sent pas le courage d'aller devant le juge demander la réhabilitation ; pour celui-là qui n'a jamais été condamné qu'une fois, nous avons pensé qu'il fallait faire quelque chose de plus ; lorsqu'après une condamnation unique, un certain temps se sera écoulé sans nouvelle condamnation, nous proposons donc de rayer du casier judiciaire cette condamnation unique.

Nous ne faisons d'ailleurs que nous inspirer de l'idée à laquelle a obéi l'honorable M. Bérenger lui-même, quand il a proposé sa loi de sursis. Cette loi, en effet, repose sur une idée très simple et très haute : un homme a commis une infraction, il n'avait jamais été condamné auparavant ; les juges en le condamnant peuvent suspendre pendant cinq ans l'exécution de la peine, et si, dans ce laps de temps, le délinquant n'a pas commis d'autre infraction à la loi pénale, la condamnation et ses conséquences disparaîtront, s'effaceront de plein droit.

Nous sommes, nous, en présence d'un homme qui a été condamné sans sursis, soit que la loi n'existât pas à l'époque de cette condamnation, soit qu'elle n'ait pas été appliquée pour une cause quelconque, et nous disons : Cette condamnation, au bout d'un certain temps, nous la ferons disparaître du casier judiciaire, puis si l'homme n'a pas subi de nouvelles condamnations au bout d'un temps plus ou moins long, nous ferons disparaître la peine elle-même et nous le réhabiliterons de plein droit.

Ces deux nouvelles faveurs qui ne font que compléter la législation actuelle, nous avons voulu les réserver aux condamnés primaires.

M. Bérenger, je le sais bien, objecte que ces condamnés, dans bien des cas particuliers, ne sont pas plus intéressants que quelques-uns de ceux qui ont subi des condamnations multiples, dont le total ne dépasse pas un an de prison, et il cite des exemples assurément bien choisis pour vous émouvoir.

Je ne méconnais pas cela ; si nous voulions entrer dans l'examen des cas particuliers, il est incontestable que nous trouverions des gens qui, après avoir accumulé plusieurs condamnations, sont revenus au bien et sont très dignes d'intérêt. Ceux-là demanderont la réhabilitation.

Il faut bien, quand on est législateur, quand on statue pour toutes les hypothèses, s'attacher à un critérium aussi précis que possible, à un principe directeur. Ce critérium unique, ce principe directeur, nous l'avons puisé dans la distinction entre le délinquant primaire et celui qui a été condamné plusieurs fois.

Sans doute, celui qui a été condamné plusieurs fois n'est pas, nécessairement et par là même, un délinquant d'habitude, mais enfin c'est la pluralité des condamnations, qui, en droit pénal, permet de distinguer entre ceux qui ont pu obéir à une impulsion mauvaise qui ne s'est point renouvelée et ceux qui, au contraire, sont considérés dans une mesure plus ou moins large comme des habitués du crime ou du délit. C'est pourquoi nous vous avons proposé cette distinction. Nous la croyons bonne ; nous ne prétendons pas qu'elle soit infaillible.

Je suis persuadé que le Sénat persistera dans son vote de la 1re délibération, et maintiendra la distinction qu'il a faite, entre l'individu qui a encouru une condamnation unique et celui qui a été condamné plusieurs fois. Ce dernier, s'il veut rentrer dans la plénitude de ses droits, s'adressera aux juges et demandera la réhabilitation. Quant à la faveur de la loi nouvelle, elle sera réservée au délinquant primaire. (*Très bien ! très bien !*)

M. Bérenger. Je demande la parole.

M. le président. La parole est à M. Bérenger.

M. Bérenger. Messieurs, je suis vraiment fâché de mettre à cette question une insistance que vous jugez peut-être excessive, mais il me semble qu'il est indispensable de ne pas laisser passer dans la loi une disposition qui, pour moi, est absolument contraire à la justice. M. le Garde des Sceaux est très épris de son principe : « la condamnation unique » ; voilà quelque chose qui satisfait son esprit, et, avec les dispositions logiques et philosophiques que nous lui connaissons, je comprends que cette satisfaction le porte à laisser de côté les faits en eux-mêmes.

Mais permettez-moi de vous dire qu'en matière pénale, ce n'est point avec des abstractions qu'on peut atteindre le but de justice qu'il faut avant tout réaliser. Il y a lieu de se mettre en présence des réalités de la vie et de comparer pratiquement les situations, si l'on ne veut s'exposer à favoriser sans équité les uns au détriment des autres.

Qu'est-ce qu'on a répondu aux observations que j'ai présentées tout à l'heure ? Que la récidive est l'indice d'une perversité particulière.

C'est vrai, s'il s'agit de la récidive dans le même délit. Mais est-ce le cas de l'amendement ?

Je crois avoir prouvé que, le plus souvent, les condamnations dont il s'agit, représenteront une diversité de délits dont les rapports entre eux ne peuvent constituer la récidive, de délits s'appliquant à des faits de nature différente, n'ayant point de liens entre eux. Or l'accomplissement successif de délits de cette nature ne suppose pas une aggravation de perversité.

Que répond à cela M. le Garde des Sceaux ? Rien, sinon qu'il faut obéir au principe de la condamnation unique. Il ne nie cependant pas l'intérêt des situations que j'ai signalées, mais il ne suffit pas à le convaincre. Alors, je le répète, toute espèce de condamnation multiple exclura l'individu du bénéfice de la loi. Mon honorable contradicteur n'en excepte pas même les condamnations multiples à une simple amende : trois délits de chasse rendront indigne.

Voilà jusqu'où va sa logique implacable !

J'estime que, pour l'amour de la logique, il ne faut pas se laisser entraîner à des iniquités semblables. La condamnation multiple peut être grave, mais, dans ce cas, la peine elle-même est grave, et comme mon amendement vise les condamnations dont la totalité ne dépasse pas un an, il faut bien que je me mette au-dessus de cette hypothèse. Dans ces termes-là, il ne s'agit que de condamnations n'ayant pas d'importance, ne constituant pas la récidive et ne supposant pas une perversité sérieuse ; il peut y avoir, il y aura souvent les cas les plus intéressants ; et, en vérité, est-il légitime de venir dire : quinze ans de bonne conduite qui suffiront à un individu condamné à deux ans de prison, ne suffiront pas à ceux qui seront dans cette situation, et jamais ils ne pourront jouir du bénéfice de la loi ! Je ne puis accepter cette conclusion.

Il est vrai qu'on a fait entrevoir la possibilité de la réhabilitation demandée et obtenue suivant les formes du Code d'instruction criminelle.

Si **M.** le Garde des Sceaux croyait que la réhabilitation telle qu'elle existe d'après le Code d'instruction criminelle, modifié depuis, sous certains rapport, est suffisante pour débarrasser les individus qui le méritent de cette servitude du casier judiciaire, il ne faudrait pas faire la loi. Elle n'a de raison d'être que parce qu'il a été reconnu qu'il y a un très grand nombre de situations et les plus dignes, les plus méritoires, qui ne peuvent pas braver les graves aléas de la réhabilitation judiciaire.

Je vous ai fait connaître plusieurs de ces cas particuliers. Vous avez bien voulu entendre, pendant la 1re délibération, la lecture de correspondances dont quelques-unes vous ont, je crois, touchés. Elles vous ont appris que ce sont incontestablement les plus dignes, je le répète, qui, à un certain moment, ne peuvent plus demander cette réhabilitation. Ce sont tous ceux qui, par d'âpres efforts, par la continuité d'une bonne conduite constante, sont arrivés, dans quelque lieu où leur faute n'a pas été connue, à conquérir la considération et l'estime publiques. Vous voulez que, dans cette situation, ils se présentent devant une Cour d'appel, aux risques de tout perdre par les indiscrétions, presque inévitables, des enquêtes exigées ? Vous voulez qu'ils s'exposent, devant des gens qui les estiment, à se voir dénoncés comme d'anciens condamné s

Cela est impossible, et c'est précisément parce que vous l'avez jugé ainsi, qu'en 1re délibération vous avez reconnu la nécessité de la loi et décidé que la prescription du casier judiciaire, après une longue épreuve, et après une plus longue épreuve encore, la réhabilitation de droit devaient leur être légitimement accordées.

Ce sont là, messieurs, de grandes et libérales mesures qui ne tarderont pas à faire de cette loi une loi populaire entre toutes. C'est une innovation hardie à coup sûr, car vous n'en trouverez l'équivalent dans aucune législation pénale ; vous aurez été les premiers à proclamer qu'à côté de la rigueur, élément essentiel de la répression, il faut qu'intervienne à son tour le pardon, le pardon définitif qui efface tout, le pardon, aussi utile à la société qui l'accorde qu'à l'individu qui l'obtient, car il met un terme à cette foule de situations fausses et de malheurs immérités qui ne sont pas sans danger pour elle.

Nous avons pu nous laisser devancer, dans certaines réformes pénales, par quelques législations étrangères ; ceci nous fait regagner le temps perdu et reprendre la tête du mouvement d'idées qui caractérise les temps actuels.

Ce sera un grand honneur pour le Parlement français d'avoir voté cette loi. Mais si elle doit être adoptée, j'insiste, Messieurs, pour qu'elle soit complète, qu'elle donne la justice à tous et pour que vous ne vous laissiez pas détourner par la séduction d'une logique trop absolue du but qu'elle doit atteindre.

Je vous prie d'adopter la proposition de la commission. (*Très bien !* *très bien ! et applaudissements sur un grand nombre de bancs.*)

M. le président. Personne ne demande plus la parole ?

Je mets aux voix la seconde partie du 3• de l'article 9. Elle est ainsi conçue :

« Ou les condamnations multiples dont l'ensemble ne dépasse pas un an. »

M. le Garde des Sceaux demande le rejet de cette partie de l'article.

(La seconde partie du paragraphe 3, mise aux voix, est adoptée.)

M. le président. « 4° Quinze ans après l'expiration de la peine, la condamnation unique supérieure à deux ans de prison.

« Le tout sans qu'il soit dérogé à l'article 4 de la loi du 26 mars 1891, sur l'atténuation et l'aggravation des peines.

« Dans le cas où une peine corporelle et celle de l'amende auront été prononcées cumulativement, les différents délais prescrits par le présent article commenceront à courir à partir du jour où ces deux peines auront été complètement exécutées.

« La remise totale ou partielle, par voie de grâce, de l'une ou de l'autre de ces peines équivaudra à leur exécution totale ou partielle.

« L'exécution de la contrainte par corps équivaudra au payement de l'amende. » — (Adopté.)

Je mets aux voix l'ensemble de l'article 9, qui devient l'article 8.

(L'article 9 (nouvel article 8) est adopté.)

M. le rapporteur. Il y aurait lieu, monsieur le président, de revenir maintenant à l'article 8 qui n'a pas été voté.

M. le président. Pour donner satisfaction à l'observation de M. le rapporteur, je lis de nouveau l'article 8 :

« Art. 8. — En cas de condamnation ultérieure à une peine autre que l'amende, le bulletin n° 3 reproduit intégralement les bulletins n° 1, à l'exception des cas prévus par les paragraphes 1, 2, 3, 4 de l'article 7. »

M. Bérenger. Je demande la parole.

M. le président. La parole est à M. Bérenger.

M. Bérenger. D'accord avec M. le Garde des Sceaux, nous pensons qu'il serait bon de modifier les premiers mots de cet article de la façon suivante :

« En cas de condamnation ultérieure, pour crime ou délit, à une peine autre que l'amende... »

M. le rapporteur. Je fais observer que l'article ne pouvait pas s'appliquer aux contraventions de police, puisqu'il n'en est pas question dans la loi.

M. le président. Personne ne demande plus la parole ?...

Je mets aux voix l'article 8, qui est devenu l'article 9, avec l'addition proposée par M. Bérenger et acceptée par la commission.

(L'article 8 (nouvel article 9), ainsi modifié, est adopté.)

M. le président. Nous arrivons à l'article 10 :

« Lorsqu'il se sera écoulé dix ans, dans le cas prévu par l'article 8, 1° et 2°, sans que le condamné ait subi de nouvelles condamnations à une peine autre que l'amende, la réhabilitation lui sera acquise de plein droit.

« Le délai sera de quinze ans dans le cas prévu par l'article 8, 3° et de vingt ans dans le cas prévu par l'article 8, 4°.

« En cas de contestation sur la réhabilitation, le demandeur pourra s'adresser au tribunal du lieu de son domicile, dans les formes et suivant la procédure prescrites à l'article 14. Le jugement rendu sera susceptible d'appel et de pourvoi en cassation. »

Je mets aux voix cet article.

(L'article 10 est adopté.)

M. le président. « ART. 11. — Quiconque, en prenant le nom d'un tiers, aura déterminé l'inscription au casier de ce tiers d'une condamnation, sera puni de six mois à cinq ans d'emprisonnement, sans préjudice des poursuites à exercer pour le crime de faux, s'il y échet. »

M. le Garde des Sceaux. Je demande la parole.

M. le président. La parole est à M. le Garde des Sceaux.

M. le Garde des Sceaux. Messieurs, je veux présenter une simple observation à l'occasion du paragraphe 1er de l'article 11.

Dans ce paragraphe on dit : « Quiconque, en prenant le nom d'un tiers, aura déterminé l'inscription au casier de ce tiers d'une condamnation, sera puni de six mois à cinq ans d'emprisonnement. » On ajoute : « sans préjudice des poursuites à exercer pour le crime de faux, s'il y échet. »

Or, le fait prévu par ce paragraphe constitue en lui-même un faux. Il s'agit d'un individu qui se présente sous le nom et avec l'état civil d'un autre et se fait condamner sous son nom : c'est un faux.

La première partie du paragraphe correctionnalise le faux et le frappe d'une peine de six mois à cinq ans d'emprisonnement ; j'accepte cette solution, mais il me semble que les mots « sans préjudice des poursuites à exercer pour le crime de faux, s'il y échet » sont inutiles.

M. Thézard. Et si ce faux est accompagné d'un autre faux caractérisé ?

M. le Garde des Sceaux. Le faux qui consiste à se faire condamner sous le nom d'un autre, vous le correctionnalisez ; s'il en existe un autre, vous pourrez le poursuivre ; quant au fait lui-même, vous ne pouvez pas le correctionnaliser et en faire en même temps l'objet d'une poursuite criminelle.

M. le rapporteur. La disposition proposée par la commission est celle du projet primitif. Voici la situation : il s'agit d'un individu poursuivi qui, sciemment, prend le nom d'un tiers et se fait condamner sous le nom de ce tiers. Il y a là un fait d'une nature particulière que la loi entend punir d'une peine correctionnelle.

Il peut se faire qu'en dehors de cette circonstance spéciale, le fait de prendre le nom d'un tiers, il y ait l'usage de ce nom dans l'instruction ; il peut y avoir de véritables faux commis dans l'instruction par ce même individu.

Je me demande si, dans le cas où nous supprimerions cette disposition, comme le demande M. le Garde des Sceaux, il ne deviendrait pas nécessaire de poursuivre toujours correctionnellement, en vertu de l'article 11, l'individu qui aurait pris le nom d'un tiers, et si le fait de faux qui existerait nécessairement en dehors de la prise du nom pourrait encore être l'objet d'une poursuite quelconque.

En mettant dans l'article « s'il y échet », il est incontestable que, dans le cas où il n'y aurait pas lieu à poursuites pour faux, la poursuite n'aurait pas lieu, mais que si, en dehors de la prise de nom, il y a un fait de faux, la poursuite pourra être intentée.

Je ne vois pas l'utilité pratique de l'observation de M. le Garde des Sceaux ; je vois au contraire l'inconvénient qu'elle présente, lorsqu'en dehors du fait correctionnel que nous visons, il existe un crime de faux caractérisé pouvant être l'objet d'une poursuite particulière.

M. le président. M. le Garde des Sceaux insiste-t-il ?

M. le Garde des Sceaux. Non, monsieur le président

M. le président. Je continue la lecture de l'article :

« Sera puni de la même peine celui qui, par de fausses déclarations relatives à l'état civil d'un inculpé, aura sciemment été la cause de l'inscription d'une condamnation sur le casier judiciaire d'un autre que cet inculpé.

« Quiconque, en prenant un faux nom ou une fausse qualité, se fera délivrer le bulletin n° 3 d'un tiers sera puni d'un mois à un an d'emprisonnement.

« L'article 463 du Code pénal sera dans tous les cas applicable. »

(L'article 11 est adopté.)

M. le président. « ART. 12. — L'étranger n'aura droit aux dispenses sur le bulletin n° 2 que si, dans son pays d'origine, une loi ou un traité réserve aux condamnés français des avantages analogues. » — (Adopté.)

« ART. 13. — Un règlement d'administration publique déterminera les mesures nécessaires à l'exécution de la présente loi et, notamment, les conditions dans lesquelles doivent être demandés, établis et délivrés les bulletins n°ˢ 2, 3, les droits alloués au greffier, ainsi que les conditions d'application de la présente loi aux colonies et aux pays de protectorat. » — (Adopté.)

« ART. 14. — Celui qui voudra faire rectifier une mention portée à son casier judiciaire présentera requête au président du tribunal ou de la Cour qui aura rendu la décision.

« Le président communiquera la requête au ministère public et commettra un juge pour faire le rapport.

« Le tribunal ou la Cour statuera en audience publique, sur le rapport du juge et les conclusions du ministère public.

« Le tribunal ou la Cour pourra ordonner d'assigner la personne
objet de la condamnation.

« Dans le cas où la requête est rejetée, le requérant sera condamné
aux frais.

« Si la requête est admise, les frais seront supportés par celui qui
aura été la cause de l'inscription reconnue erronée, s'il a été appelé
dans l'instance.

« Le ministère public aura le droit d'agir d'office dans la même
forme en rectification de casier judiciaire.

« Mention de la décision rendue sera faite en marge du jugement ou
de l'arrêt visé par la demande en rectification.

« Ces actes, jugements et arrêts seront dispensés de timbre et enregistrés gratis. » — (Adopté.)

Je mets aux voix l'ensemble du projet de loi .

(Le projet de loi est adopté.)

M. le président. Il reste, Messieurs, un dernier vote à émettre
concernant le titre de la loi, que la commission propose de modifier
ainsi : « Loi sur le casier judiciaire et sur la réhabilitation de droit. »

Il n'y a pas d'opposition ?

Ce titre est adopté.

B. — Chambre des députés

7e législature. — Session ordinaire de 1899.

SÉANCE DU LUNDI 3 JUILLET 1899.

*Adoption d'un projet de loi sur le casier judiciaire
et sur la réhabilitation.*

M. le président. L'ordre du jour appelle la 1re délibération sur :
1º le projet de loi, adopté par le Sénat, sur le casier judiciaire et sur
la réhabilitation de droit ; 2º la proposition de loi de M. Dejeante et
plusieurs de ses collègues, relative au casier judiciaire et à la réhabilitation.

M. Thierry. Je demande instamment à la Chambre de vouloir bien
déclarer l'urgence sur cette proposition de loi qui a été adoptée par le
Sénat dans sa séance du 9 mars dernier.

M. le président. Je consulte la Chambre sur la déclaration d'urgence.

(La Chambre, consultée, déclare l'urgence.)

M. le président. Personne ne demande la parole pour la discussion
générale ?...

Je consulte la Chambre sur la question de savoir si elle entend passer à la discussion des articles.

(La Chambre décide de passer à la discussion des articles.)

« ART. 1er. — Le greffe de chaque tribunal de première instance reçoit, en ce qui concerne les personnes nées dans la circonscription du tribunal et après vérification de leur identité aux registres de l'état civil, des bulletins, dits bulletins n° 1, constatant :

« 1° Les condamnations contradictoires ou par contumace et les condamnations par défaut non frappées d'opposition prononcées, pour crime ou délit, par toute juridiction répressive ;

« 2° Les décisions prononcées par application de l'article 66 du Code pénal

« 3° Les décisions disciplinaires prononcées par l'autorité judiciaire ou par une autorité administrative, lorsqu'elles entraînent ou édictent des incapacités.

« 4° Les jugements déclaratifs de faillite ou de liquidation judiciaire ;

« 5° Les arrêtés d'expulsion pris contre les étrangers. »

(L'article 1er est mis aux voix et adopté.)

« Art. 2. — Il est fait mention, sur les bulletins n° 1, des grâces, commutations ou réductions de peines, des décisions qui suspendent l'exécution d'une première condamnation, des arrêtés de mise en délibération conditionnelle et de révocation, des réhabilitations et des jugements relevant de la relégation, conformément à l'article 16 de la loi du 27 mai 1885, et des décisions qui rapportent les arrêtés d'expulsion, ainsi que de la date de l'expiration de la peine et du payement de l'amende.

« Sont retirés du casier judiciaire : les bulletins n° 1, relatifs à des condamnations effacées par une amnistie ou réformées en conformité d'une décision de rectification du casier judiciaire. » — (Adopté.)

« Art. 3. — Le casier judiciaire central institué au ministère de la justice reçoit les bulletins n° 1, concernant les personnes nées à l'étranger, dans les colonies, ou dont l'acte de naissance n'est pas retrouvé. » — (Adopté.)

« Art. 4. — Le relevé intégral des bulletins n° 1, applicables à la même personne, est porté sur un bulletin appelé bulletin n° 2.

« Il est délivré aux magistrats du parquet et de l'instruction, aux autorités militaire et maritime pour les appelés des classes et de l'inscription maritime, ainsi que pour les jeunes gens qui demandent à contracter un engagement.

« Il l'est également aux administrations publiques de l'Etat saisies de demandes d'emplois publics ou en vue de poursuites disciplinaires ou de l'ouverture d'une école privée, conformément à la loi du 30 octobre 1886.

« Les bulletins n° 2 réclamés par les administrations publiques de l'Etat, pour l'exercice des droits politiques, ne comprennent que les décisions entraînant des incapacités prévues par les lois relatives à l'exercice des droits politiques.

« Lorsqu'il n'existe pas de bulletins n° 1 au casier judiciaire, le bulletin n° 2 porte la mention : *Néant.* — (Adopté.)

« Art. 5. — En cas de condamnation, faillite, liquidation judiciaire ou destitution d'un office ministériel prononcée contre un individu soumis à l'obligation du service militaire ou maritime, il en est donné connaissance aux autorités militaire ou maritime par l'envoi d'un duplicata du bulletin nᵒ 1.

« Un duplicata de chaque bulletin nᵒ 1, constatant une décision entraînant la privation des droits électoraux, est adressé à l'autorité administrative du domicile de tout Français ou de tout étranger naturalisé. » — (Adopté.)

« Art. 6. — Un bulletin nᵒ 3 peut être réclamé par la personne qu'il concerne. Il ne doit, dans aucun cas, être délivré à un tiers. » — (Adopté.)

« Art. 7. — Ne sont pas inscrites au bulletin nᵒ 3 :

« 1ᵒ Les décisions prononcées par application de l'article 66 du Code pénal ;

« 2ᵒ Les condamnations effacées par la réhabilitation ou par application de l'article 4 de la loi du 26 mars 1891 sur l'atténuation et l'aggravation des peines ;

« 3ᵒ Les condamnations prononcées en pays étrangers pour des faits non prévus par les lois pénales françaises ;

« 4ᵒ Les condamnations pour délits prévus par les lois sur la presse, à l'exception de celles qui ont été prononcées pour diffamation ou pour outrage aux bonnes mœurs ; ou en vertu des articles 23, 24 et 25 de la loi du 29 juillet 1881 ;

« 5ᵒ Une première condamnation à un emprisonnement de trois mois ou de moins de trois mois prononcée par application des articles 67, 68 et 69 du Code pénal ;

« 6ᵒ La condamnation avec sursis à un mois ou moins d'un mois d'emprisonnement, avec ou sans amende ;

« 7ᵒ Les déclarations de faillite, si le failli a été déclaré excusable par le tribunal ou a obtenu un concordat homologué et les déclarations de liquidation judiciaire. » — (Adopté.)

« Art. 8. — Cessent d'être inscrites au bulletin nᵒ 3 délivré au simple particulier :

« 1ᵒ Un an après l'expiration de la peine corporelle ou le payement de l'amende, la condamnation unique à moins de six jours de prison ou à une amende ne dépassant pas 25 francs, ou à ces deux peines réunies, sauf le cas où ces condamnations entraîneraient une incapacité civile ou politique ;

« 2ᵒ Cinq ans après l'expiration de la peine corporelle ou le payement de l'amende, la condamnation unique à six mois ou moins de six mois de prison ou à une amende, ainsi qu'à ces deux peines réunies ;

« 3ᵒ Dix ans après l'expiration de la peine, la condamnation unique à une peine de deux ans ou moins de deux ans ou les condamnations multiples dont l'ensemble ne dépasse pas un an ;

« 4ᵒ Quinze ans après l'expiration de la peine, la condamnation unique supérieure à deux ans de prison.

« Le tout sans qu'il soit dérogé à l'article 4 de la loi du 26 mars 1891 sur l'atténuation et l'aggravation des peines.

« Dans le cas où une peine corporelle et celle de l'amende auront été prononcées cumulativement, les différents délais prescrits par le présent article commenceront à courir à partir du jour où ces deux peines auront été complètement exécutées.

« La remise totale ou partielle par voie de grâce de l'une ou de l'autre de ces peines équivaudra à leur exécution totale ou partielle.

« L'exécution de la contrainte par corps équivaudra au payement de l'amende. » — (Adopté.)

« Art. 9. — En cas de condamnation ultérieure pour crime ou délit à une peine autre que l'amende, le bulletin n° 3 reproduit intégralement les bulletins n° 1, à l'exception des cas prévus par les paragraphes 1, 2, 3, 4 de l'article 7. » — (Adopté.) .

« Art. 10. — Lorsqu'il se sera écoulé dix ans, dans le cas prévu par l'article 8, § 1° et 2°, sans que le condamné ait subi de nouvelles condamnations à une peine autre que l'amende, la réhabilitation lui sera acquise de plein droit.

« Le délai sera de quinze ans dans le cas prévu par l'article 8, § 3°, et de vingt ans dans le cas prévu par l'article 8, § 4°.

« En cas de contestation sur la réhabilitation, le demandeur pourra s'adresser au tribunal du lieu de son domicile, dans les formes et suivant la procédure prescrites à l'article 14. Le jugement rendu sera susceptible d'appel et de pourvoi en cassation. » — (Adopté.)

« Art. 11. — Quiconque, en prenant le nom d'un tiers, aura déterminé l'inscription au casier de ce tiers d'une condamnation, sera puni de six mois à cinq ans d'emprisonnement, sans préjudice des poursuites à exercer pour le crime de faux, s'il y échet.

« Sera puni de la même peine celui qui, par de fausses déclarations relatives à l'état civil d'un inculpé, aura sciemment été la cause de l'inscription d'une condamnation sur le casier judiciaire d'un autre que cet inculpé.

« Quiconque, en prenant un faux nom ou une fausse qualité, se fera délivrer le bulletin n° 3 d'un tiers sera puni d'un mois à un an d'emprisonnement.

« L'article 463 du Code pénal sera dans tous les cas applicable. » — (Adopté.)

« Art. 12. — L'étranger n'aura droit aux dispenses d'inscription sur le bulletin n° 2 que si, dans son pays d'origine, une loi ou un traité réserve aux condamnés français des avantages analogues. » — (Adopté.)

« Art. 13. — Un règlement d'administration publique déterminera les mesures nécessaires à l'exécution de la présente loi et, notamment, les conditions dans lesquelles doivent être demandés, établis et délivrés les bulletins n° 2, 3, les droits alloués au greffier, ainsi que les conditions d'application de la présente loi aux colonies et aux pays de protectorat. » — (Adopté.)

« Art. 14. — Celui qui voudra faire rectifier une mention portée à son casier judiciaire présentera requête au président du tribunal ou de la Cour qui aura rendu la décision.

« Le président communiquera la requête au ministère public et commettra un juge pour faire le rapport.

« Le tribunal ou la Cour statuera en audience publique, sur le rapport du juge et les conclusions du ministère public.

« Le tribunal ou la Cour pourra ordonner d'assigner la personne objet de la condamnation.

« Dans le cas où la requête est rejeté, le requérant sera condamné aux frais.

« Si la requête est admise, les frais seront supportés par celui qui aura été la cause de l'inscription reconnue erronée, s'il a été appelé dans l'instance.

« Le ministère public aura le droit d'agir d'office dans la même forme en rectification de casier judiciaire.

« Mention de la décision rendue sera faite en marge du jugement ou de l'arrêt visé par la demande en rectification.

« Ces actes, jugements et arrêts seront dispensés de timbre et enregistrés. » — (Adopté.)

(L'ensemble du projet est mis aux voix et adopté.)

IV

TABLEAUX DESTINÉS A FACILITER AUX GREFFIERS LA RÉDACTION DES BULLETINS N° 2 ET N° 3.

A

BULLETINS N° 2.

a). — BULLETINS DEMANDÉS PAR LE MINISTÈRE PUBLIC, PAR LES JUGES D'INSTRUCTION OU PAR LES ADMINISTRATIONS PUBLIQUES, SAUF EN MATIÈRE ÉLECTORALE.

Relevé intégral des bulletins n° 1, comprenant même :
Les condamnations effacées par la réhabilitation.
Les condamnations prononcées contre des mineurs de 16 ans.
Les condamnations conditionnelles avant et après l'expiration du délai de cinq ans.
Les condamnations, pour quelque cause que ce soit, prononcées à l'étranger.

b). — BULLETINS DEMANDÉS PAR LES ADMINISTRATIONS PUBLIQUES EN MATIÈRE ÉLECTORALE.

Ne doivent être portées en ce cas, au bulletin n° 2, que les condamnations énumérées au tableau ci-dessous :

NOMENCLATURE par ordre alphabétique des causes d'incapacité électorale	NATURE et durée des peines entraînant l'exclusion.	DURÉE de l'exclusion	ARTICLES du décret du 2 février 1852
Abus de confiance, de blanc-seing, des passions d'un mineur (C. pén., art.,406 à 409).	Emprison., quelle qu'en soit la durée	Perpétuelle	Art. 15, § 5
Arbre abattu, sachant qu'il appartient à autrui (C. pén., art. 445).	Emprison. de 3 mois au moins.	id.	Art. 15, § 10
Arbre mutilé, coupé ou écorcé, de manière à le faire périr, sachant qu'il appartient à autrui (C. pén., art. 446).	id.	id.	id.
Attroupements (L., 10 avr. 1831 et 7 juin 1848).	Emprison. de plus d'un mois.	L'exclusion dure 5 ans, à dater de l'expiration de la peine.	Art. 16 modifié par la loi du 24 janvier 1889.
Boissons falsifiées, contenant des mixtions nuisibles à la santé (Vente et débit de) (L., 27 mars 1851, art. 2).	Emprison. quelle qu'en soit la durée.	Perpétuelle	Art. 15, § 14 modifié par la loi du 24 janvier 1889.
Crimes suivis d'une condamnation à des peines afflictives et infamantes (travaux forcés, déportation, détention et réclusion) ou à des peines infamantes seulement (bannissement, dégradation civique) (C. pén., art. 7 et 8).	Quelle que soit la durée de la peine.	id.	Art. 15, § 1
Crimes suivis d'une condamnation à l'emprisonnement correctionnel en vertu de l'article 463 du Code pénal.	id.	id.	Art. 15, § 3
Deniers publics soustraits par les dépositaires auxquels ils étaient confiés (C. pén., art. 169 à 171).	Emprison. quelle qu'en soit la durée	Perpétuelle	Art. 15, § 5
Destruction de registres, minutes, actes originaux de l'autorité publique, titres, billets, lettres de change, effets de commerce ou de banque, contenant ou opérant obligation, disposition ou décharge (C. pén., art. 439).	Emprison. de 3 mois au moins.	id.	Art. 15, § 10
ÉLECTIONS — Bulletin ajouté, soustrait ou altéré par les personnes chargées, dans un scrutin, de recevoir, compter ou dépouiller les bulletins contenant les suffrages des citoyens.	Emprison. de plus de 3 mois.	id.	Art. 15, § 7, art. 35
Collège électoral (Irruption dans un collège électoral, consommée ou tentée avec violence, en vue d'empêcher un choix).	id.	id.	Art. 15, § 7, art. 42
Inscription sur le bulletin d'autrui de noms autres que ceux qu'on était chargé d'inscrire.	id.	id.	Art. 15, § 7, art. 36
Lecture de noms autres que ceux inscrits.	id.	id.	Art. 15, § 7, art. 35
Liste électorale (Inscription réclamée et obtenue sur deux ou plusieurs listes, ou sous de faux noms, ou en dissimulant une incapacité électorale).	id.	id.	Art. 15, § 7, art. 31
Opérations électorales retardées ou empêchées au moyen de voies de fait ou menaces par des électeurs. — Bureau outragé dans son ensemble ou dans l'un de ses membres, par des électeurs, pendant la réunion. — Scrutin violé.	id.	id.	Art. 15, § 7, art. 45
Opérations électorales troublées par attroupements, clameurs ou démonstrations menaçantes. — Atteinte portée à l'exercice du droit électoral ou à la liberté du vote.	id.	id.	Art. 15, § 7, art. 41
Suffrages. — Deniers ou valeurs quelconques donnés, promis ou reçus sous la condition soit de donner ou de procurer un suffrage, soit de s'abstenir de voter. — Offres ou promesses faites ou acceptées sous les mêmes conditions d'emplois publics ou privés.	id.	id.	Art. 15, § 7, art. 38

NOMENCLATURE par ordre alphabétique des causes d'incapacité.	NATURE et durée des peines entraînant l'exclusion	DURÉE de l'exclusion.	ARTICLES du décret
ÉLECTIONS Suffrages influencés, soit par voies de fait, violences ou menaces contre un électeur, soit en lui faisant craindre de perdre son emploi ou d'exposer à un dommage sa personne, sa famille ou sa fortune. — Abstention de voter déterminée par les mêmes moyens.	Emprison. de plus de 3 mois.	Perpétuelle.	Art. 15, § 7, art. 39
Suffrages surpris ou détournés à l'aide de fausses nouvelles, bruits calomnieux ou autres manœuvres frauduleuses. — Abstention de voter déterminée par les mêmes moyens.	id.	id.	Art. 15, § 7, art. 40
Urne contenant les suffrages émis et non encore dépouillés (Enlèvement de).	id.	id.	Art. 15, § 7, art. 46
Vote en vertu d'une inscription obtenue sous de faux noms ou de fausses qualités, ou en dissimulant une incapacité, ou en prenant faussement les noms et qualités d'un électeur inscrit.	id.	id.	Art. 15, § 7, art. 33
Vote multiple, à l'aide d'une inscription multiple.	id.	id.	Art. 15, § 7, art. 34
Empoisonnement de chevaux ou autres bêtes de voiture, de monture et de charge, de bestiaux à cornes, de moutons, chèvres ou porcs, ou de poissons dans les étangs, viviers ou réservoirs (C. pén., art. 452).	Emprison. de 3 mois au moins.	id.	Art. 15, § 10
Escroquerie (C. pén., art. 405).	Emprison. quelle qu'en soit la durée.	id.	Art. 15, § 5,
Faillite déclarée soit par les tribunaux français, soit par jugement rendu à l'étranger, mais exécutoire en France (C. comm., art. 430 et suiv.)	id.	L'exclusion cesse après la réhabilitation.	Art. 15, § 17
Falsification de substances ou denrées alimentaires ou médicamenteuses, destinées à être vendues. — Vente, ou mise en vente de ces denrées, sachant qu'elles sont falsifiées ou corrompues (L., 27 mars 1851, art. 1er).	Emprison. de 3 mois au moins. / Emprison. de plus d'un mois.	Perpétuelle / Exclusion pendant 5 ans.	Art. 15, § 4 (Modifié par la loi du 24 janvier 1889) / Art. 16. (modifié par la loi du 24 janvier 1889)
Greffe détruite (C. pén., art. 447).	Emprison. de 3 mois au moins	Perpétuelle	Art. 15, § 10
Interdiction civile pour cause d'imbécillité, de démence ou de fureur (C. civ., art. 489 et suiv.).	»	L'exclusion cesse à la levée judiciaire de l'interdiction (C. civ., art. 512)	Art. 15, § 16
Interdiction correctionnelle du droit de vote et d'élection (C. pén., art. 42, 86, 89, 91 123 ; — L., 23 janvier 1873, art. 6).	»	La durée de l'exclusion est fixée par le jugement et court à dater de l'expiration de la peine	Art. 15, § 2
Ivresse (L., 23 janvier 1873, art. 3).	2e récidive correctionnelle	2 ans à partir du jour où la condamnation est irrévocable.	»
Jeux de hasard (Maison de) (C. pén., art. 410).	Quelle que soit la peine	Perpétuelle	Art. 15, § 11

NATURE par ordre alphabétique des causes d'incapacité.	NATURE et durée des peines entraînant l'exclusion.	NATURE de l'exclusion	ARTICLES du décret.
Marchandises ou matières, servant à la fabrication, gâtées volontairement (C. pén., art. 443).	Emprisonn. de 3 mois au moins	Perpétuelle.	Art. 15, § 10
Mendicité (C. pén., art. 274 à 279).	Quelle que soit la peine	id.	Art. 15, § 9
Militaires condamnés au boulet ou aux travaux publics.	Quelle que soit la durée de la peine	id.	Art. 15, § 12
Mœurs (Attentat aux) (C. pén., art. 330 à 334).	Quelle que soit la peine	id.	Art. 15, § 5
Mœurs (outrages aux bonnes) (L., 2 août 1882, art. 1 ; — V. Cass., 18 avril 1888).	id.	id.	Art. 15-6°.
Officiers ministériels (avoués, huissiers, greffiers, notaires) destitués en vertu de décisions judiciaires.	id.	id.	Art. 15, § 8
Outrages et violences envers les dépositaires de l'autorité ou de la force publique (C. pén., art. 222 à 230).	Emprison. de plus d'un mois	L'exclusion dure 5 ans, à dater de l'expiration de la peine	Art. 16.
Prêts sur gage ou nantissement (Maisons de) établies ou tenues sans autorisation légale. — Registre non tenu (C. pén. art. 411).	Quelle que soit la peine	Perpétuelle	Art. 15, § 11
Rébellion envers les dépositaires de l'autorité ou la force publique (C. pén., art. 209 à 221).	Emprison. de plus d'un mois	L'exclusion dure 5 ans à dater de l'expiration de la peine	Art. 16.
Récoltes (Dévastation de) (C. pén., art. 444).	Emprison. de 3 mois au moins	Perpétuelle	Art. 15, § 10
Recrutement. Jeunes gens appelés à faire partie du contingent de leur classe qui se sont rendus impropres au service militaire, soit temporairement, soit d'une manière permanente, dans le but de se soustraire aux obligations imposées par la loi. — Complicité (L., 15 juillet 1889, art. 70).	Emprison. quelle qu'en soit la durée.	id.	Art. 15, § 13
Recrutement. Jeunes gens omis sur les tableaux de recensement, par suite de fraudes ou de manœuvres (L., 15 juillet 1889, art. 69).	id.	id.	Art. 15, § 13
Recrutement. Médecins, chirurgiens ou officiers de santé qui, désignés pour assister au conseil de revision ou dans la prévoyance de cette désignation, ont reçu des dons ou agréé des promesses pour être favorables aux jeunes gens qu'ils doivent examiner, ou qui ont reçu des dons pour une réforme justement prononcée (L., 15 juillet 1889, art. 71).	id.	id.	id.
Service militaire à l'étranger pris par un français majeur sans autorisation du gouvernement (C. civ., art. 21).	»	L'exclusion dure jusqu'à ce que la qualité de français ait été recouvrée	Art. 12.
Tromperie sur le titre des matières d'or ou d'argent, sur la qualité d'une pierre fausse vendue pour fine, sur la nature de toute marchandise (C. pén., art. 423).	Emprison. de 3 mois	Perpétuelle	Art. 15, § 4 Modifié par la loi du 24 janvier 1889.
Tromperie sur la quantité des choses livrées par l'usage de faux poids, ou de fausses mesures, ou d'instruments inexacts, ou par des manœuvres et des indications frauduleuses, relatives au pesage ou au mesurage ; tentative de ces délits (L., 27 mars 1851, art. 1).	Emprison. de 3 mois	Perpétuelle.	Art. 15, § 14 (m. par loi du 24 janv. 1889)
	Emprison. de plus d'un mois	5 ans.	Art. 16 (Modifié par la loi du 24 janvier 1889)
Usure (L., 3 septembre 1807 et 19 décembre 1850).	Quelle que soit la peine	Perpétuelle.	Art. 15, § 15
Vagabondage (C. pén., art. 269 à 271).	id.	id.	Art. 15, § 9
Vol (C. pén., art. 379, 388 et 401).	Emprison.	id.	Art. 15, § 5

B

BULLETINS N° 3.

a). — Décisions qui ne doivent jamais être portées.

1° Décisions acquittant des mineurs de 16 ans, comme ayant agi sans discernement (C. pén., art. 66).

2° Condamnations effacées par la réhabilitation.

3° Condamnations conditionnelles effacées par l'article 4 de la loi du 26 mars 1891, aucune poursuite, suivie de condamnation à l'emprisonnement ou à une peine plus grave, pour crime ou délit de droit commun, n'étant intervenue dans le délai de cinq ans.

4° Condamnations prononcées en pays étranger pour des faits non prévus par les lois pénales françaises.

5° Condamnations pour *délits* prévus par la loi du 29 juillet 1881 sur la presse, sauf toutefois les condamnations suivantes qui doivent figurer au bulletin n° 3 :

Cris ou chants séditieux proférés dans des lieux ou réunions publics (L., 29 juillet 1881, art. 24, § 2).

Diffamation (L., 29 juillet 1881, art. 30, 31, 32 et 34).

Outrages aux bonnes mœurs (L., 29 juillet 1881, art. 28 ; — L., 2 août 1882, art. 1er, modifié par la loi du 16 mars 1898).

Provocation à des crimes ou délits, par l'un des moyens spécifiés dans l'article 23 de la loi du 29 juillet 1881 (L., 29 juillet 1881, art. 23 et 24, § 1).

Provocation, par l'un des moyens spécifiés dans l'article 23, adressée à des militaires de terre ou de mer, dans le but de les détourner de leurs devoirs militaires et de l'obéissance qu'ils doivent à leurs chefs (L., 29 juillet 1881, art. 25).

b). — Condamnations qui ne doivent pas être portées tant qu'il n'est pas survenu une nouvelle condamnation pour crime ou délit a une peine autre que l'amende.

1° Condamnation prononcée contre un mineur de seize ans, ayant agi avec discernement, par application des articles 67, 68 et 69 du Code pénal.

2° Condamnation avec sursis à l'amende, même pendant la période de cinq ans, prévue par l'article 4 de la loi du 26 mars 1891.

3° Condamnation avec sursis à un mois au plus d'emprisonnement, même pendant la période de cinq ans, prévue par l'article 4 de la loi du 26 mars 1891.

4° Déclaration de faillite, si le failli a été déclaré excusable par le tribunal ou a obtenu un concordat homologué.

5° Déclaration de liquidation judiciaire.

C

TABLEAU DES CONDAMNATIONS QUI CESSENT D'ÊTRE INSCRITES AU BULLETIN N° 3 APRÈS L'EXPIRATION D'UN CERTAIN DÉLAI, A COMPTER DU JOUR DE L'EXPIRATION DE LA PEINE CORPORELLE OU DU PAIEMENT DE L'AMENDE.

DÉLAI.	PEINE PRONONCÉE			OBSERVATIONS
	Amende.	Emprisonnement.	Autres peines (Travaux forcés, réclusion, etc. Travaux publics, etc.)	
a) Condamnation unique.				
Un an.	1 à 25 fr. (1).	(2)	»	(1) La prescription d'un an n'est pas applicable au cas où la condamnation entraîne une incapacité civile ou politique (Voir : tableau D).
Cinq ans.	1 à 25 francs entraînant une incapacité. —Supérieure à 25 francs.	24 heures à six mois (3).	»	(2) La loi porte que, cesse d'être inscrite: « un an après l'expiration de la peine corporelle, la condamnation unique à moins de six jours de prison…, sauf le cas où cette condamnation entraînerait une incapacité civile ou politique ». Mais actuellement, en pratique, cette dispense d'inscription doit être considérée comme inexistante, toute condamnation à l'emprisonnement entraînant une incapacité (Voir : tableau D).
Dix ans.	»	6 mois et 1 jour à 2 ans.	2 ans au maximum.	
Quinze ans	»	Supérieure à 2 ans.	Supérieure à 2 ans.	(3) Le délai est le même si l'amende et l'emprisonnement sont réunis.
b) Condamnations multiples.				
Dix ans.	Quel que soit le chiffre.	Un an au maximum (4).	Un an au maximum (4).	(4) C'est le total des diverses condamnations qui ne doit pas excéder un an.

D

TABLEAU DES COMDAMNATIONS A MOINS DE SIX JOURS DE PRISON OU A UNE AMENDE NE DÉPASSANT PAS 25 FRANCS, QUI ENTRAINENT DE PLEIN DROIT UNE INCAPACITÉ CIVILE OU POLITIQUE.

NATURE DU DÉLIT.	INCAPACITÉ CIVILE OU POLITIQUE	TEXTE qui crée l'incapacité
a) Condamnation à moins de 6 jours de prison.		
Quelque délit que ce soit, même en matière politique ou de presse.	Incapacité d'être juré pour cinq ans à dater de l'expiration de la peine.	L., 21 novembre 1872, art. 2-11°.
b) Condamnation à une amende.		
Abus de blanc-seing (C. pén., art. 407).	Incapacité d'être juré.	L., 21 novembre 1872, art. 2-5°.
Abus des besoins d'un mineur (C. pén., art. 406).	id.	id.
Abus de confiance (C. pén., art. 408).	id.	id.
Escroquerie (C. pén., art. 405).	id.	id.
Excitation de mineurs à la débauche (C. pén., art. 334).	Incapacité d'être juré et d'être inscrit sur les listes électorales.	L., 21 novembre 1872, art. 2-5°. Décr., 2 février 1852, art. 15-5°.
Jeux de hasard (tenue d'une maison de) (C. pén., art. 410).	Incapacité d'être inscrit sur les listes électorales.	Décr., 2 février 1852, art. 15-11°, modifié par la loi du 30 novembre 1875.
Mendicité (C. pén., art. 274 à 279).	id.	Décr., 2 février 1852, art. 15-9°.
Outrage aux mœurs (L., 2 août 1882, art. 1).	id.	Décr., 2 février 1852, art. 15-6°.
Outrage public à la pudeur (C. pén., art. 330).	Incapacité d'être juré et d'être inscrit sur les listes électorales.	L., 21 novembre 1872, art. 2-5°. — Décr., 2 février 1852, art. 15-5°.
Prêts sur gage ou nantissement (Tenue de maisons de) (C. pén., art. 411).	Incapacité d'être inscrit sur les listes électorales.	Décr., 2 février 1852, art. 15-11°, modifié par la loi du 30 novembre 1875.
Soustraction commise par un dépositaire public (C. pén., art. 171).	Incapacité d'être juré.	L., 21 novembre 1872, art. 2-5°.
Soustraction de pièces produites dans une contestation judiciaire (C. pén., art. 409).	id.	id.
Usure (L., 3 septembre 1807 et 19 décembre 1850).	Incapacité d'être juré et d'être inscrit sur les listes électorales.	L., 21 novembre 1872, art. 2-5°. — Décr., 2 février 1852, art. 15-15°.
Vagabondage (C. pén., art. 269 à 271).	Incapacité d'être inscrit sur les listes électorales.	Décr., 2 février 1852, art. 15-9°.
Vol (C. pén., art. 379 et s.).	Incapacité d'être juré.	L., 21 novembre 1872, art. 2-5°.